幸せになるための最短ルート

はじめての「ネット婚活」

婚活コンサルタント
澤口珠子

幻冬舎

「はじめてのネット婚活」
幸せになるための最短ルート

婚活コンサルタント
澤口珠子

幻冬舎

はじめに

まずみなさんにご報告があります。

実は私、ネットでの婚活サービスを利用して三カ月で一〇四人の男性とデートしまして……そのうちの一人の男性と交際半年で入籍……結婚しました！

いま話題の「ネット婚活」。みなさん利用されていますか？　「ネットはなんとなく怖いイメージがあるから……」と敬遠されている方もいらっしゃるかもしれません。

私自身は二〇代の頃から、ネットでの出会いを、仕事にもプライベートにも活用してきました。

でも、生徒さんたちは口をそろえておっしゃるんです。「ネットは怖い」と。

そもそも、「ネット婚活」は本当に怖いものなのでしょうか？　だったら、私が実際に試して生徒さんに実証してみよう!!

そんな思いで、二〇一五年の一月から三月までの三カ月間、最新の婚活アプリに特化してデートプロジェクトをスタートしました。

「婚活コンサルタント」としてお仕事をさせていただいている私は、いうなれば恋愛のプロ。その私が本気でネット婚活をしたら、三カ月で何人の男性に会えるのか。彼らはどんな人たちなのか。身体《からだ》を張って実験してみたのです！

結果、実際にお会いできた男性は一〇四人。

そして当初は予想もしていなかったことですが、なんとそのうちの一人と私自身が結婚してしまったというわけなのです。

この一〇四人デートを実践して、気づいたことがあります。

それは、結婚には「必勝法」があるということ。

その必勝法をぜひみなさんにお伝えしたくて、本書を書こうと決めました。

ここで、私自身のことについてもう少しだけ、お話ししておきますね。

私はいま、婚活に特化したイメージコンサルタントとして、女性が自分らしく輝きを発揮するお手伝いをし、理想のパートナーを引き寄せるサポートをしています。

具体的には、「愛されマインド」「異性心理コミュニケーション」「ファッション」「パーソナルカラー」「結婚相談コンサルティング」など、内面＆外見磨きのレッスンをおこなう少人数制のサロンを主宰しています。

最初はイメージコンサルタントとして起業し、経営者や政治家の方の外見を変えるコンサルがメインでした。でも人って、外見を一日だけガラッと変えてみたところで、すぐに戻ってしまうことに気づいたのです。

そこから心理学やコーチングなどを勉強し、人が本当に変わるためには、外見だけではなく内面と外見の両方を変えていく必要があるということを学びました。そして、その変化を定着させるには「時間」が必要だということも。

そこで、内面と外見の双方を磨く少人数制のレッスンをはじめたわけですが、当初は婚活に特化していなかったので、参加者のなかには既婚女性もいらっしゃいました。

でも、「自分を変えたい」「もっと魅力的になりたい」「自分に自信を持ちたい」と願ってレッスンにいらっしゃる生徒さんは、九割が独身女性だったのです。

なぜ、彼女たちはこんなにも自分を磨きたいのでしょうか？

そこには潜在的な願望がありました。

「好きな人に大好きになってもらいたい」「幸せな恋愛がしたい」……。

そう。「結婚したい」という願いです。

こうしてみなさんのニーズに応えているうちに、現在の「婚活コンサルタント」としての活動が私の使命となったのです。

いま、私のレッスンを受講した生徒さんたちの一年以内の成婚率は三割を超えています。

結婚相談所の成婚率が一割ですから、とても高い数字です。しかも、この数字は実際に入籍した方のみです。数カ月のレッスンを修了するまでに彼氏ができる生徒さんの割合は、六割を超えています。

おかげさまでレッスンはご好評をいただき、毎月開催している体験会には全国各地から生徒さんが足を運んでくださって、予約は現在二〜三カ月待ちという本当にありがたい状況です。そのなかでも、「ネット婚活」に特化したレッスンでは、生徒さんからこのようなうれしい報告のメールをたくさんいただいております。

【珠子先生がおすすめするネット婚活を信じてトライしてみたら、よい出会いがあり、先日正式にプロポーズされました！　あのレッスンから一年後にこんな状況になるとは予想もしておらず、ただただ驚いています。珠子先生のネット婚活のヒントがなかったら……と思ったら、お礼の一言をお伝えしたくなりました！――りなさん・三六歳】

【おかげさまで、私も婚活アプリで愛する人に巡り会うことができまして、今年の八月に結婚する予定です。珠子先生のレッスンを受けて、「ネット婚活は本当に素晴らしい！」と思い友人に伝えたところ、四～五人が実際に結婚やお付き合いに至っています。――みかさん・四〇歳】

私も日々、持てるものすべてをみなさんにご提供するべく全力投球しています。

本書では、私が三カ月間で一〇四人の男性とデートするために実践していた具体的なテクニックをすべて公開します！　そしてネット婚活で素敵な男性に出会い、結婚を前提としたお付き合いをスタートさせるまでのノウハウを、わかりやすくご紹介していきます。

私自身で、身体を張ってすでに実証済みですから、安心してはじめていただけるはずです。

あなただけの最良のパートナーと出会うために、ぜひ本書を活用してください。

ネットの世界には無限の出会いが広がっています。
そして、みなさん一人ひとりに、幸せを手にするチャンスがあります。
勇気を出して一歩を踏み出せば、出会いはすぐそこにあるのです。
成功の反対はＤｏ Ｎｏｔｈｉｎｇ！（何もしないこと）
ぜひ一緒に、新しい世界へ踏み出しましょう！
私がサポートします‼

Contents

第一章

実は私、婚活アプリで出会った人と結婚しました
――ネット婚活をはじめるために知っておきたいこと

第二章
男性からアプローチされるための簡単テクニック
――素敵な人と出会いやすくなる登録方法と使い方

プロフィール文章で相手の心をつかむには

自分好みの男性からアプローチされるための6ステップ

第三章 必ずデートが実現するメールの作法

やめておいたほうがいい男性の見極め方

「男性から誘わせる！」メールのやりとりの秘訣

第四章 安心で心地よい初デートを叶えるために

第五章　気になる相手と何度でもデートする秘訣

第一章

実は私、婚活アプリで出会った人と結婚しました

——ネット婚活をはじめるために知っておきたいこと

出会いはネットにある⁉

いまや、独身女性のほとんどが婚活をする時代になりました。

私のもとにも毎日、婚活相談が舞い込んできますが、そのご相談の九割が「自分の婚活がうまくいっていない」という内容です。

さらに、直面している問題も、みなさん同じ。

・どこで男性と出会ったらいいのかわからない（出会いがない）。

・出会いはあっても、イイ男性がいない。

数年前から、婚活コンサルタントとして私はこの二つの問題に取り組んできました。

そしてこの二つの問題は、婚活アプリを使ったネット婚活をすることでいっぺんに解決することに気づいたのです。

ただ、いくら内容のよいアプリだと思っても、実際に試して確認しないと大切な生徒さんにおすすめすることはできません。だったら、自分がやってみよう！

実践した結果、三カ月で一〇四人の男性とのデートが実現しました。

しかも半年後、そのうちの一人と結婚するに至ったのです。

だから、自信を持っておすすめします。

ネット婚活をすれば必ず、たくさんの男性との出会いがあります。

そのなかの一人と実際にお会いしてお付き合いをして、一年以内に結婚することも、もう夢ではないのです。

リアルもネットも充実させて

実際に、誰かと「出会う」ためには、どんな方法があるでしょうか？

大きく分けると次の一〇の方法があります。

1. 友人・親戚の紹介
2. ナンパなど偶然の出会い
3. 少人数制の集まり
（合コン・お食事会・ホームパーティ・少人数制異業種交流会など）
4. 大人数の集まり（パーティ・イベント・大人数制異業種交流会など）
5. お見合いパーティ（カップリングパーティ）
6. 結婚情報サービス会社・結婚相談所
7. ネットお見合い
8. SNS（FacebookやLINEなど）、オフ会
9. 趣味・習い事・セミナー・勉強会・スクール

10. 社内・仕事関係

すべての活動方法にメリットとデメリットがありますが、いまの時代、リアルな出会いだけに頼っていては、効率がよくありません。

とくに、仕事や趣味に忙しい現代の女性とネット婚活は、とても相性がいいのです！

なぜかといえば、**自分の好きなときに、仕事や遊びの隙間時間に活用できる**から。

ネット婚活は、とても合理的で効率がよいのです。

そういう理由で、生徒さんたちには、いつもこうお伝えしています。

「リアルとネットの両方を充実させましょう」

ネットでの出会いと、リアルでの出会い。この両方を充実させることで、幸せの実現がぐんと早まるのです。

ネット婚活は気軽さがメリット

結婚相談所に登録すれば高額なお金がかかってしまいますが、ネットでは女性は基本無料なところが多いのも魅力です。そして登録者数は、どのサイトもアプリもだいたい一〇〇万人を超えているものが多いので、出会おうと思えば、いくらでも出会えてしまいます。

誰にでも簡単にはじめられて、好きな時間に自由に使える。しかも月会費も女性は基本無料か合コンに一回参加する程度。そしてイヤだったら、すぐにやめればいい。

この気軽さと効率のよさが、ネット婚活のいちばんのメリットです。

「出会いがない……」「周りにイイ男性がいない……」と思っているなら、ぜひネット婚活をはじめてみてください。

受け身でただ待っていても、出会いがやってくることはありません。

大切なのは、あなた自身が主体的に行動することです。

たくさんの男性に出会えば出会うほど、理想の男性と巡り会う確率もよりいっそう高まるというのは、いうまでもありませんね。質は量に比例します。

何といっても、この私が証拠です！

「恋愛はご無沙汰」な女性にこそおすすめ

ちょっと意外かもしれませんが、ネット婚活は、恋愛からしばらく遠ざかっているという女性にこそ、実はおすすめです。

そもそも、婚活アプリなどを使ったネット婚活の利点は、相手をプロフィールや条件で検索するという機能を使えること。

ルックスや身長、体形などの外見をはじめ、趣味や嗜好、年収、住んでいる地域など、最初から自分の好みに合った男性にターゲットを絞れてしまいます。

ですから、効率的なのはもちろんですが、何より、**あなたの「男性を見極める目」に磨きをかけられる**のです。

はじめは、どんな男性が自分に合うのかよくわからないこともあるかもしれませんが、さまざまな男性を吟味《ぎんみ》しているうちに、自分の好みがはっきりしてくるはずです。

さらに、プロフィールを見ただけでどんな男性がまともで、どんな男性があやしいかも、見分けられるようになってくると思います。

男性心理を学べる絶好の場

また、ネット上でのやりとりは一対一が大前提ですから、ふだんの生活であまり男性に接する機会がないという女性にとっては、男性に慣れるためのいい練習の場にもなります。

そして実際に会うとなったら、今度は初対面のお相手と一対一で話さなければなりませんから、人としてのコミュニケーション能力もおのずと鍛えられてしまうのです。

私も場数を踏んでみて実感したことですが、**ネット婚活の最大の魅力は、実は「人間力が養われる」ということ**なんですね。

美味《おい》しい食事をごちそうになりながら人間力を磨け、さらに男性心理が学べるのですから、これはもう、おすすめせずにはいられないのです。

「ネットは怖い」って本当？

とはいっても、「ネットでの出会いは怖い」というイメージはまだ根強いようです。

たしかに、**報道されるのは陰惨なニュースばかり。でもネットで出会って幸せなカップルになっている人たちは、私の実感では、実はその何百倍もいらっしゃいます。**

幸せな事実はニュースになりませんから、知られていないだけなのです。

また、**世間的にもネットでの出会いによいイメージがないために、本当はネットがきっかけで出会ったにもかかわらず、その事実をオープンにしていない人たちが大半**です。

あなたの周りにも、誰にも言っていないけど実はネット婚活をしているという女性たちが大勢いると思いますよ。

難アリ男性は一〇四人中六人だけ

ネットでの出会いが怖いかどうかは、私がお会いした一〇四人の内訳を見ていただくとわかります。

一〇四人中、会ったその日にエッチに誘ってきた男性は四人、ネットワークビジネスの勧誘が一人、既婚男性が一人。

まともでない男性は、たった六人だったのです。

ほかはみなさん、素敵な方たちばかりでした。

もちろん実際にお会いする前にメールで精査していますが、一〇四人に会ってこの結果です。どうでしょう？　ネット婚活、まだ怖いですか？

騙されるのはリアルもネットも一緒

婚活で気をつけなくてはいけないことは、実はリアルもネットも同じです。

ネットだから怖いわけではありません。

男性と出会ってどういう関係を築いていくか、そのプロセスではどんなことに気をつけたらいいか、その点はリアルもネットも本当に変わらないのです。

考えてみれば当たり前ですよね。

合コンにだって既婚者がまぎれていたり、身体目的の男性はいるでしょうし、婚活パーティに結婚詐欺師がいることもあるでしょう。

出会い方が違うだけで、注意すべきことはリアルもネットも同じなのです。

むしろ、ネット婚活で騙《だま》されてしまうくらいなら、リアルではもっと騙されやすいといえるかもしれません。

というのも、ネットではあらかじめ相手のプロフィールがわかりますし、互いに気に入って（マッチングして）、一対一のメールのやりとりをしてから会う、という流れが決まっています。

事前に相手の情報を把握できますし、メールの文面から性格や雰囲気もある程度判別できますから、相手を見極めやすいのです。

一方、リアルな合コンや婚活パーティは、ほとんどが大人数の会ですから、場の雰囲気に流されてしまうこともあるかもしれませんし、一対一になったら相手の態度が変わったというようなこともあるかもしれません。

実際に以前、体験コンサルに来てくださった方で、婚活パーティで出会った男性に騙されたという女性がいらっしゃいました。

婚活パーティで出会って二年付き合ったあとに、相手の男性が既婚者だと判明したのです。しかもお金を貸してしまって返してもらえず、現在も弁護士を立てた訴訟沙汰になっているそうです。

大切なのは「人を見る目」を鍛えること

リアルでもネットでも、相手がまともな人かどうかを見極めるのは、自分しかいません。

あなたの「人を見る目」がすべてなのです。

つまりは、よくいわれることですが、うまい言葉や話に騙されてはいけないということ。

プロフィールやメッセージのやりとりのなかで違和感がほんの少しでもあったら、その違和感を大切にしましょう。

騙されてしまう女性には、たいがい共通点があります。

相手になんとなく違和感を持っているのに、高収入だからとか外見が好みだからとかいう理由で、その**違和感に蓋をしてしまう**のです。

ちょっとシビアないい方ですが、**騙されてしまうのは、女性側にも下心があるから**なのですね。

相手に少しでも違和感を抱いたなら、その直感を信じてください。そしてあなた自身の人を見る目をよく磨いて、会う相手を見極めましょう。

イイ男性はネットにいる⁉

いま、就職活動はほとんどネットでおこなわれていますね。ですから二〇代の若い人たちは、ネットでの出会いにも抵抗がありません。

ネット婚活を怖がっているのは、たいていはアラサー、アラフォーの方々です。でもそれって、ものすごく損しています。

アメリカでは、実は既婚カップルの半数がネットで出会っていて、ネット婚のほうが離婚率も低いというデータがあるほどです。日本でもこれからどんどん増えていくでしょう。

それに、こんな統計も出ています。

結婚相談所に登録している男性と、婚活アプリに登録している男性の年収を比較すると、ネット婚活をしている男性のほうが圧倒的に好条件だというのです。

婚活アプリを使っている男性は、いってみれば「時代の最先端」にいるわけですから、主体的で積極的な人がほとんどです。**新しいものに抵抗感がないので、柔軟性を備えている方も多い**と思います。

実際、一〇〇人以上に会った私の実感としても、素直に素敵だなと思える男性ばかりでした。

そのうちの二〇人はいまもよいお友達で、私のサロンで開催しているお食事会などにも参加してもらっています。そのなかのある男性は、私の生徒さんとお付き合いをスタートさせました！

友達や会社にバレる危険はない

ネット婚活でもうひとつうれしいのは、**ネット上のプライバシー保護がしっかりされているこ**と。知人や友人にはバレないのでご安心くださいね。とくに、Facebook連携型の婚活アプリでは、投稿欄非表示や友達非表示機能などで、Facebookでつながっている友人にバレてしまうことを徹底的に防止しているのも安心のポイントです。

ネット婚活は単に出会いの一ツールでしかありません。

合コンや婚活パーティ、異業種交流会などでの出会いと同じです。きっかけにすぎないわけですから、**ネットで出会ったからといって隠す必要もないですし、逆にあえて公開する必要もない**と思います。

自分磨きのツールとして活用して！

ふだん、私たちの生活圏はだいたい決まっているものです。会社と家とその周辺ぐらいだという方も多いのではないでしょうか。出会う人の職種や社会的地位も、わりと似かよっていますよね。

でもネット婚活では、**これまでまったく縁のなかった世界で活躍する方々とも、ふつうに出会うことができます。**

さまざまな職種の男性がいますから、ぜひ、いままで自分の周囲にはいなかったタイプの方と出会ってみてください。

経営者、投資家、クリエイター、消防士、自衛官、医師、パイロット、外交官……などなど、私もたくさんの職種の男性にお会いしました。どの方のお話もはじめて聞く内容ばかりで、目からうろこの体験でした。

こうした出会いは、**たとえ男女の関係に発展しなかったとしても、あなたの世界をぐんと広げてくれます。**これまで触れてこなかった価値観やものの見方を知ることで、あなた自身が成長できるからです。

狭い世界から抜け出そう

ときどき、生徒さんたちからこんなグチが出てきます。

「会社の男性はみんな既婚者だし、この歳で結婚していない女子も私だけ……」

でも、本当にそうでしょうか？　それって、あなたの会社という、とても狭い世界のお話なのではありませんか？

自分の周囲だけの狭い世界で悩むのはやめて、ネットの世界に踏み出しましょう！

新しい出会いから得た知識も教養も、そのままあなたの経験値になります。

つまり、あなたの新しい魅力になるということ。

ネット婚活は、自分を磨くツールのひとつです。

いろんな人に出会えて、自分の世界が広がる、魔法のツールといってもいいくらいだと思います。

ネットでどんどん新しい男性に出会って、あなたのリアルをもっともっと充実させてください。

密かなブーム！「婚活上京」のすすめ

ネット婚活は、地方在住の女性にもおすすめします。自分の地元出身で現在東京や大阪など大きな都市で働いている男性と出会えるからです。

居住地や出身地で条件検索をかければ、自分の地元と大きな都市の両方で、自分好みの男性を探すことができます。それこそ、可能性は未知数です。

そして実際にお会いする運びになったら、週末などに、都内在住の男性とのお約束をまとめて入れて、婚活上京しましょう。ランチ、お茶、ディナーと、一日に三人ほどだったら余裕でお会いできると思います。

もし、「地方にはイイ男性がもういない……」と嘆いているなら、ネット婚活をぜひはじめてみてください。地方にいるからという理由であきらめる必要などまったくないことが、すぐにわかると思います。

ネット婚活での心がまえと注意点

さて、このようにネット婚活のメリットは本当にたくさんあるのですが、婚活アプリや出会いサイトには、純粋な目的でない人もいないわけではありません。

下心のある人や売り込み業者（サクラ）、既婚者も少なからずいますから、やはり注意も必要です。

私の場合、一〇四人にお会いして、会った日にエッチに誘ってきた男性は四人、ネットワークビジネスの勧誘一人、既婚者一人という結果でしたが、メールのやりとりの時点で、身体目的だとわかる男性も何人かいました。ですから、**会う前の精査は必要**です。

あくまで私の体感ですが、身体目的、業者（サクラ）、既婚者など不純な目的で登録している男性は、全体の約三割でしょうか。

でも、七割はまっとうな方々です。まっとうな方というのは、しっかりと年収があり、社会的な常識や教養や知性を備えていて、人間的にも性格的も難アリではないということ。

三割の男性を恐れてその七割の男性を捨ててしまうのは、もったいないですよね！

だからこそ、見る目をしっかり磨いて、相手を見極めましょう。

相手にしてはいけない男性の具体的な見極め方については第四章でもしっかりお教えしますので、ぜひご参考にしてください。

「いちいち傷つかない！」が鉄則

ただ、どんなに見る目を磨いても、イヤな思いをしないとはいい切れません。

私にも、こんなエピソードがありました。

ある男性とメールでやりとりをはじめたのですが、あまり合いそうもないと感じたので途中でやりとりをやめたまま、忘れてしまっていたのです。

するとしばらくして、「まだやってるのかよ、ババア」というような失礼なメールが届きました。こういう男性も、残念ながらいます。

私は「かわいそうな人だな」くらいにしか思わない性格ですが、傷ついてしまう女性もいらっしゃるかもしれません。

でも、傷つく必要なんてこれっぽっちもないのです！

こうしたレベルの低い男性は、相手にしてはいけません。すぐに運営会社に報告を入れて、ブロックをして次！　です。

ネット婚活は、気軽さと効率のよさが持ち味です。

「この人とは合わないな」「何か違う」と感じたら、すぐに切り替えて次に進みましょう。

あくまでも主体はあなた自身ですから、相手に振り回される必要はないのです。

ネット婚活の醍醐味《だいごみ》、おわかりいただけましたでしょうか？

第二章からは具体的なテクニックをお伝えしていきますが、そのまえに、信頼できる婚活アプリをいくつか、ご紹介しておきましょう。

信頼できる婚活アプリ

◎pairs（ペアーズ）

累計会員数は三六〇万人以上、国内最大手の、Facebook連動型の恋愛・婚活マッチングサービス。登録時は、Facebookのプロフィールが使われますが、ペアーズ内では名前はイニシャルで表示され、本名は公開されません。女性は基本無料（男性は月額二九八〇円）。条件検索で気に入った男性に「いいね！」を押し、マッチングすればメッセージ交換ができるようになる仕組みです。約六万個以上あるコミュニティで、共通の趣味や嗜好を持った相手を簡単に見つけられるのも特徴。とにかく使いやすいアプリです。

◎マッチアラーム

累計会員数は約七〇万人。男女ともに登録は無料（一部機能は有料）。「偶然の出会い」を推奨しているため、ペアーズやタップル誕生のような条件検索機能がありません。毎朝八時にお相手が一人紹介され、マッチングすると相手のプロフィールを見られるようになる仕組み。顔写真が必須のアプリです。スマホの位置情報をもとに自分の周辺にいるお相手を探し出して紹介してくれる「すれちがいマッチ」の機能も魅力です。

◎タップル誕生

累計会員数は約一二〇万人。女性は完全無料（男性は会費プランあり）。「趣味でつながる恋活サービス」を謳《うた》っていて、まず気になるコミュニティに登録し、そのコミュニティ内でいい人を探すシステムです。基本的に「趣味」が同じ人との出会いがテーマなので、恋人だけでなく気の合う友人探しにも利用できます。「いいかも」と「イマイチ」の二択をしていくシンプルな形式なので、マッチング率がとても高いのも特徴です。

ネット婚活の基本的な流れ

＊本書では国内最大手のペアーズをメインにお話しします。

ここでアプリに登録して実際にお会いするまでの一連の流れを、簡単にご説明しておきましょう。

1.　スマートフォンで、Facebookに登録します。もともと登録している方はそのまま利用できます（ただし、サクラ予防としてFacebookの友達が最低一〇人以上必要です）。

↓

2. 婚活アプリをダウンロードして、ネット婚活をスタート！

↓

3. 自分の好みの男性を検索して、「いいね！」を送ります。

↓

4. 相手からも「いいね！」が返ってきたら、マッチングが成立。サイト内でメールのやりとりができるようになります。

↓

5. メールをしてお互いに気に入れば、デートの約束をして実際にお会いします。

とてもシンプルな流れですから、むずかしいことは何もありません。いますぐ登録して、ネット婚活をはじめてみましょう。

リアルなデートを実現させるために、ネットではどんどん出会ってください。

私が三カ月で一〇四人の男性とデートできたのは、婚活アプリを使ったからというのはもちろんですが、実はお会いした男性一人ひとりに、リサーチをおこなったからでもあります。

男性たちのリアルな本音を聞き出し、それを自分のネット婚活に反映させたからこそ、たくさんの方と会えたのです。

第二章からお伝えしていくのは、そんな男性の本音を汲《く》んだネット婚活の必勝法です。

自分好みの男性に、いかに効率よく、たくさん出会うか。

私が実践していたテクニックをすべて伝授いたします！

自分に合うサービスを見つけましょう！

	ユーザー層情報（男女比・年齢分布・他）	特徴（他社サービスと比較した際の優位情報）	登録条件（年齢など）	年齢確認フロー	メッセージや投稿内容に関する監視体制の有無	備考
	男女比 5：5 年齢分布 30代の男女が中心	・安心の伊藤忠商事グループのエキサイトが運営 ・プロフィール項目が多く、より条件に合ったお相手が探せる ・サービス側からユーザーへのプッシュ型機能「おすすめ会員」サービスも充実 ・「Days」という日々のつぶやきコンテンツで自分の情報を発信することで、出会いのチャンスを増やせる →詳細はP 194	・まじめに恋人や結婚相手を探している、現在独身で満20歳以上の方 ・指定の身分証明書（運転免許証/健康保険証/パスポートなど）を提出できる方 ・将来的に結婚するつもりがない方、既婚の方、遊び目的の方は、入会を固く断る	・運転免許証、健康保険証、パスポート、住民基本台帳カード、外国人登録証明書/在留カード（日本在住の外国人の方のみ）いずれかを提出し、本人確認認証を行う	・24時間サイトパトロール有	
	新サービスのためなし	・手厚いサポートのついたサービスを相談所よりも安く提供 ・学び、自分磨きができる婚活サイト（50種類の動画講座、お互いのフィードバック） ・専任コンシェルジュによるオンライン活動サポート ・「結婚後の幸せ」をゴールに掲げたサービス、機能（学び、マッチング） ・手間のかからない紹介型サービス ・本人証明、独身証明、年収証明、学歴証明が100％必須のため真剣に、安心して利用できる ・初回コンタクトの日程調整も専任スタッフが代行してくれる →詳細はP 195	・20歳以上の方 ・男性は、定職に就いていて安定した収入がある方 ・法律上独身の方 ・同棲関係を含む事実上の婚姻関係のない方 ・日本在住の方	・本人確認書類（提出が会員登録時に必須）	・有	
	男女比 新規会員登録している男女が5：5 年齢分布 20代後半～30代前半の年齢帯の方が（男女共に）一番多い	・ゼクシィが幸せなカップル6000人を分析してわかった18問の価値観診断で相性ピッタリの方を毎日4人（無料で）紹介 ・ネット婚活初のデート調整代行機能 ・最新のアルゴリズムで使えば使うほどピッタリのお相手を検索可能 →詳細はP 195	・18歳以上の独身者	・無料会員登録後、公的書類（免許証、保険証、パスポート）の画像を送信、本人の名前と年齢が登録内容と相違ないか確認	・有	
	男女比 6:4 年齢分布 男性は20代が中心、女性は20代前半が最も多い	・サイバーエージェントグループが運営 ・他サービスより若い層が多く、20代に人気 ・「趣味でつながる」がコンセプトで、興味に合わせて気軽に恋活ができる ・2人のヒミツ・つぶやきなど、マッチングしてから仲良くなる機能が充実 ・フリック操作で直感的にマッチングできる →詳細はP 196	・18歳以上の独身者	・年齢確認画像をユーザーにアップロードしてもらい、目視で18歳以上か確認	・24時間サイトパトロール有 ・悪質な会員を独自のシステムで排除	・他社サービスと比較して、年齢層は若め ・婚活より、恋活色が強い

主な婚活サービス一覧（五十音順）※ 2016 年 3 月 31 日の情報です。

No.	サービス名 運営会社名	婚活	恋活	WEB	アプリ対応	FBとの連動	SNSとの連動（主なSNS）	配信開始年月（日本）	①累積ユーザー数 ②アクティブユーザー数（MAU）	料金体系（男女それぞれ）
1	エキサイト恋愛結婚 excite 恋愛結婚 エキサイト株式会社	○		○	×	○	○ Twitter LINE	2003年10月	①約24万人 ②非公開	(男女共に) 1カ月プラン 3,500 円（税別） 3カ月プラン 8,500円（税別） 6カ月プラン 12,500円（税別）
2	エン婚活 en エン婚活 エン婚活株式会社	○		○	×	○	○ Google+ Twitter	2016年7月	新サービスのためなし ※提携により約6000名の紹介が可能な状態でサービススタート	(男女共に) 登録料：10,584円（込） 月会費：12,744円（込）
3	ゼクシィ縁結び ゼクシィ縁結び 株式会社リクルートマーケティングパートナーズ	○		○	×	×	×	2015年4月	①約7.8万人 ②非公開	(男女共に) ・登録、お相手検索お相手紹介、マッチング、1通目のメーまでは無料 ・メッセージ交換なの有料プランについては、月額2,400円（税別）～
4	タップル誕生 株式会社マッチングエージェント（サイバーエージェントグループ）	○	○	○	○	○	○ Ameba	2014年4月	①121万740人 ②非公開	男性：会員登録、マチング、つぶやき等一部機能は無料。メセージのやりとりと人のヒミツは有料フランにて利用可能。有料会員1カ月プラ1,817円（税込）～ 女性：無料

	ユーザー層情報（男女比・年齢分布・他）	特徴（他社サービスと比較した際の優位情報）	登録条件（年齢など）	年齢確認フロー	メッセージや投稿内容に関する監視体制の有無	備考
	男女比 4.5：5.5 年齢分布 男性は30代前半、女性は20代後半が多い	・2000年にスタートした日本初の婚活サイト ・本人証明書類の確認を100％実施 ・全額返金制度あり ・日記投稿やお気に入りの場所登録機能があり、価値観が合うお相手探しが可能 ・日本の平均収入を上回る男性が約80％登録 ・女性の利用料が男性と同額のため、お相手探しへの真剣度が高い女性が多い ・結婚相談所で婚活のノウハウを学んだ「婚シェル」がプロフィールやメッセージを添削 →詳細はＰ196	・20歳以上の独身者 ・男性は定職に就いていること	・免許証、パスポート、保険証のいずれかの画像を、スマートフォンもしくはPCからアップロード ・証明書は、スタッフがひとつひとつ目視で確認	・悪質性の高い単語などは書き込みできないシステムを導入 ・スタッフによるサイト内のパトロールも実施	
	男女比 6.5:3.5 年齢分布 非公開	・コミュニティ機能 趣味嗜好が近いお相手を見つけることが可能 コミュニティがきっかけで恋がはじまった方も多くおられ、約6割（※）の方がコミュニティがきっかけで「いいね！」を送ったり、マッチングを経験 ・特に、価値観・恋愛に関するものや趣味に関するコミュニティが人気 ※pairs会員様にアンケートを実施 →詳細はＰ197	・18歳以上 ・Facebookの友達が10人以上 ・独身（離婚調停中・別居中の場合は婚姻関係にあるものとみなす）	・クレジットカードによる決済、または公的証明書の提出が必要 ※公的証明書の場合、下記が必ず写真１枚の中に写るよう提出 ・名前 ・生年月日 ・証明書の名称 ・証明書の発行者の名称	・プロフィール、写真の厳正なチェック ・不審なユーザーの監視・是正勧告・強制退会 ・メッセージ等投稿文章の監視	
	男女比 6：4 年齢分布 非公開	・7日間マッチングが成立しないと、8日目にコインは手元に戻る →詳細はＰ197	・20歳以上、社会人、独身者	・Facebook認証、その後公的証明書による認証あり	・24時間365日の監視実施	
	男女比 6.5:3.5 平均年齢 男性29歳、女性28歳	・1対1でつながる仕組みにより（朝マッチ）、マッチングされたお相手の方と真剣に向き合うことができる ・検索型のマッチングアプリとは異なり、不特定多数のユーザーにプロフィールを検索、閲覧されることがないため、女性の方でも安心して利用可能 ・自身で検索をしなくとも、相性の良い異性との出会いのきっかけが自動的に送られてくるため、仕事などで毎日忙しい方でも、無理なく恋活・婚活をおこなうことができる →詳細はＰ198	・19歳以上の独身者	・アプリ内の年齢認証ページより、年齢確認書類（免許証・保険証・パスポートなど）を提出	システムとスタッフによる24時間×365日の監視体制有	・真剣な出会いを求める20～30代が多数登録 ・毎朝8時に1人を紹介する「朝マッチ」の他に、あなたの近くでマッチアラームを使っている異性を紹介する「すれちがいマッチ」も利用できる

No.	サービス名	婚活	恋活	WEB	アプリ対応	FBとの連動	SNSとの連動(FB以外)	配信開始年月（日本）	①累積ユーザー数 ②アクティブユーザー数（MAU）	料金体系 （男女それぞれ）
5	ブライダルネット ブライダルネット by IBJ 株式会社 IBJ	○	○	○	○	△ ※登録しているメールアドレスとの連動のみ	×	2000年1月	①非公開 ②約24万人	（男女共に） ・月会費コースは3,000円（税込） ・年会費分割払いコースは2,500円（税込）を12回払い
6	pairs （ペアーズ） 株式会社エウレカ	○	○	○	○	○	×	2012年11月	①360万人 ②非公開	・男性：月額2,980円（税込）～ ・女性：無料 ※一部女性も有料
7	マイナビ婚活 マイナビ 婚活 株式会社マイナビ	○	○	○ ※イベント・サービスのみ	○	○	×	2015年10月	①②共に非公開	（男女共に） 「コイン」を利用して気になる相手にアプローチし、相手に受け入れてもらえると「マッチング」が成立し、メッセージ交換ができるようになる コイン1枚当たり120円（税込） ※月額プランの導入予定あり
8	マッチアラーム マッチアラーム株式会社	○	○	○	○	○	×	2012年9月	①約70万人 ②非公開	・男性：無料プラン、または1,640円（税込）～／月 ・女性：無料 ※一部女性も有料

	ユーザー層情報 (男女比・年齢分布・他)	特徴 (他社サービスと 比較した際の優位情報)	登録条件 (年齢など)	年齢確認 フロー	メッセージや投稿内容に関する監視体制の有無	備考
	男女比 6.5:3.5 年齢分布 男女共に最も比率が高い層は30代から40代前半	・Facebookユーザーに限定しない、多様な会員構成 ・世界一を支える多種・高精度のマッチング技術 →詳細はP198	・18歳以上の独身者	・クレジットカードによる確認、個人ID証明書による確認	・プロフィール内容および写真の目視による確認 ・スパム、不正メール自動検知と専属チームによる確認	・プロフィールの公開範囲設定機能、一定時間匿名で活動できる機能、気になる人のマッチング結果に優先表示できる機能、など
	非公開	・他社と比較して本人確認方法に直接確認型を採用しており、登録者の信頼性が高い ・年収証明などその他の各種証明にも証明書原本の提出が必要と、徹底している →詳細はP199	・18歳以上かつ独身であること ・日本国内にお住まいであること ・男性は、定職に就いているか、もしくは安定した収入があること	・Yahoo!ウォレットでの本人確認(Yahoo!ウォレットに登録されたお客様の住所および氏名あてに送付される暗号を、ウェブ画面にて入力し、登録されたご本人であることを認証する手続き。送付配達時に指定配送会社のスタッフが本人確認資料を直接確認) ・Yahoo!お見合いパーティ参加での本人確認(当日パーティ会場で免許証などによる本人確認あり。通常、参加の翌日には、Yahoo!お見合いでも本人確認済みとなる)	・事前審査項目あり ・違反申告を受けての監視体制有り	
	男女比 5.5:4.5 年齢分布 男女共に30代がコア層。女性は30代前半〜中頃、男性は30〜40代が中心。最近の傾向としては、アプリ経由の登録が増え、20代が増加	・2015年の成婚退会者数1,868名と、真剣に結婚したい方に特化したサービス ・プレミアム会員向けにコンシェルジュサポートも開始し、会員への個別サポートも充実 →詳細はP199	・18歳以上	・メッセージ送受信するのに年齢確認必要	・24時間365日有人監視	

No.	サービス名	婚活	恋活	WEB	アプリ対応	FBとの連動	SNSとの連動(FB以外)	配信開始年月（日本）	①累積ユーザー数 ②アクティブユーザー数（MAU）	料金体系（男女それぞれ）
9	マッチドットコム match Match.com, L.L.C.（日本での会社名はマッチ・ドットコムジャパン株式会社）	○	×	○	○	×	×	2002年11月	①約200万人 ②非公開	（男女共に） ・月額1,750円～、1、3、6、12カ月プランあり
10	Yahoo! お見合い ヤフー株式会社	○		○	×	×	×	2011年7月	過去300万人の利用実績がある恋人探し、結婚相手探しのサービス運営で培ったノウハウを生かして誕生した、Yahoo! JAPANが運営する国内最大級の婚活サービス 2013年1月までに18万組のカップルが誕生（※） ※ Yahoo!パートナーとYahoo!お見合いでお相手を見つけて退会された累計カップル数 （パートナー2006年7月～2013年1月、お見合い2011年7月～2013年1月の退会アンケートより）	（男女共に） 約2,133円（税別）～（6カ月プランの場合） その他Yahoo!プレミアム会員用の割引価格あり
11	youbride youbride 株式会社Diverse（mixiグループ）	○	○	○	○	FBアカウントでの登録は可能	×	1999年5月	①110万人 ②非公開	（男女共に） ・スタンダード会員3,980円（税込） ・3カ月プランは月当り2,970円、6カ月プランは月当り2,320円（PC、Androidの場合） ・iOSのみ、月額利用料金は4,300円。3カ月プランは月当り3,600円、6カ月プランは月当り3,133円 ※プレミアムオプション2,980円

第二章 男性からアプローチされるための簡単テクニック

——素敵な人と出会いやすくなる登録方法と使い方

「プロフィール」は写真がすべて

メイン写真は必ず「顔写真」を！

ネット婚活はとにかく、**プロフィール写真が命**です！

ここをクリアしていないと、男性にクリックすらしてもらえません。

つまり「プロフィール」を見てもらえないわけですから、「いいね！」もしてもらえません し、マッチング（＝カップル成立）も成立しないということ。

マッチングが成立してはじめてメールのやりとりができるようになるわけですから、実際にお会いして交際をスタートさせるためにも、まずプロフィール写真が重要です。

遠慮がちな女性によくあるのが、ちょっと遠くからのアングルで自分が端っこに写っているような写真をメインにしている方。

でもでも、これはＮＧ！

メインが「顔写真」でないとクリックすらしないという男性が、実は大半です。

女性だってもちろん相手の顔を吟味しますが、**男性は女性以上に「自分の好みの顔か」を重要視する生き物**なんですね。女性にとっては、「どんな人か」というのが大事ですが、男性は、まず「顔」なのです。

そんなわけで、プロフィールのメイン写真は必ず顔写真にしましょう。

リサーチした男性からもこんな意見がありました。

【ひとつも顔写真がない人には、どれだけ充実したプロフィールでも「いいね！」は押しません】

【顔写真がない人は論外。また遠目やぼやけていてどんな人かわかりにくい人も「いいね！」しません】

【かなり遠くからの写真で顔が見えにくいのはダメですね。「この人、自信ないんだな」と思います】

それから**プリクラ写真をメインにするのもよくありません。**いい歳をしてちょっと痛々しい女性かもしれないという印象を与えてしまうので、逆効果です。

男性からはこんな声も。

【プリクラの写真をプロフィール写真にしている時点で相手に不信感を覚えます】

女性側からしても、プリクラ写真を掲載している男性には惹《ひ》かれませんよね。私も、どんなにほかが好条件でもアプローチする気にはなりません。

笑顔で気軽な感じのものがベスト

ネット婚活のいちばんのメリットは、なんといっても気軽さ。

ですからメインの写真でも、**笑顔で気軽な雰囲気のものを選ぶのがポイント**です。

結婚相談所に登録するときのお見合い写真のような、写真スタジオで撮影した堅いプロフィール写真は敬遠されます。ちょっと頑張っている感が出すぎてしまうので、男性からしてみると、気軽に声をかけるにはハードルが高い相手だと感じてしまうのですね。

では、男性はどんな写真を好むのか？

それは野外で撮ったものや、お友達とご飯を食べている光景など、何気ない日常を切り取った写真なのです。

女性の**楽しそうにしている何気ない日常での表情**が、男性の大好物なんですね。

もちろん、あくまで何気なく撮った〝ような〟写真でＯＫ！（計算ずくでも男性はわかりません笑）

もし背景が写るようなら、お花や自然の風景などをおすすめします。

そして必須なのが、笑顔！

みなさん案外ご存知ないのですが、男性って女性の笑顔が大好きなんです。笑顔は、女性が男性に無料であげられる最大のギフトなのです。

実際、男性へのリサーチでも、ほぼ全員から「まずは笑顔！」という返答がありました。

【笑顔の写真。例外ももちろんありますが、笑顔はやはり強力です】

という具合です。

女性からすると、おすまし顔など、ちょっと知的な表情のほうが美人に見えるのではと思いがちなのですが、実は笑顔のほうが人には好印象を与えるのです。

高嶺の花のようなクールビューティより、親しみやすい笑顔に、男性は惹きつけられるのですね。

だからメイン写真では必ず笑顔を！

そして、「リラックス」や「親しみやすさ」を意識してみてください。

美人に見える角度を研究する

プロフィール写真は、相手に好印象を持ってもらうためのもの。

ですから実は、〝盛ってしまう〟ぐらいでちょうどいいのです。

「実際に会ったらがっかりされちゃうかもしれないから……」なんていう不安を抱く必要はまったくありません！

だって**ネット婚活は、「実際にお会いするため」のツール**ですよね。**会ってからのことを心配しても意味がない**のです。

プロフィールは、相手に「会いたい！」と思ってもらうことが目的。

ですから、最大限に演出しちゃいましょう。

おすすめは、真正面からではなく、斜め上や横向きなど、角度をつけて撮ったもの。

上目づかいや横顔、斜め上からなどなど、たくさん自撮りをして、あなたが美人に見える角度を研究してください。

コンプレックスがある場合は、そこを手で隠したり角度を変えてもいいですね。

そして、**美人に見える角度がわかったら、スマホの連写を使ってとにかく自撮りをしまくる**のです。

角度や表情をいろいろ変えながら、やってみてください。何十枚も撮れば、奇跡の一枚が撮れるでしょう（ここだけの話、芸能人のインスタグラムの写真だって、連写で撮ってとっておきの一枚をアップしているのですよ）。

その奇跡の一枚をぜひアップしましょう。男性って、雰囲気美人に弱いんですよ。気後れせずに、ぜひやってみてください！

アップ前に修正も忘れずに

一〇四人とデートをした際におこなった男性へのリサーチでは、女性の写真についてこんな意見が多数でした。

【女性は写真がレベル10だとしたら、実物は6ぐらい】
【待ち合わせで、「あの写真の人だ」とわかる程度】

つまり、〝**盛っていい**〟ということです。**男性のほうも、すでに了承済み**なのですね。

だから安心して、アレンジしてください。

大切なので何度も繰り返しますが、プロフィール写真で好印象を抱いてもらえないと、次のステップに進めません。つまり、男性とマッチングすらできないのです。

どんどん修正してしまいましょう！

サブ写真は「家庭的」と「季節感」を意識して

プロフィールのメイン写真に好印象を持った男性が次に見るのは、絶対といっていいほどサブ写真です。

女性は、わりとプロフィール文章などの文字要素を大切にしますが、男性は【写真しか見ない】という人もほとんど。だからサブ写真もとても重要です。

サブ写真は必ず二〜三枚はアップしましょう。

載せるものとしては、次のようなものがベストです。

・メイン以外の顔写真
・全身の写真
・手づくり料理や手づくりスイーツの写真
・ペットなどの写真

そしてサブ写真のポイントは二つ！

「家庭的なもの」と「季節を感じさせるもの」を盛り込むこと。

手づくりのお料理やお弁当はもちろん、ペットの写真なども家庭的な癒やしのイメージになりますので必ずアップしましょう。

おすすめは、エプロン姿の全身写真です。

私もサブ写真に花柄のエプロン姿を載せていましたが、【花柄のエプロンにキュンとしました】というメールをいただいたことがあります。

男性はなんだかんだいって、やはり家庭的な女性が好きなのです。そして彼らは単純ですから、「エプロン姿の女性＝家庭的」と思うのですね。

リサーチでも、【ペットの写真があると思わず好感を持ってしまう】【料理の写真がサブに一～二枚ほどあると、なんとなく家庭的な感じがして、個人的に好きです】という意見がありました。

「季節を感じさせるもの」もサブ写真の重要ポイントです！

男性は、**アップされている写真が最近撮影されたものかどうかを、実はわりと気にしています。**

次の項目にも関係しますが、季節感を出すと撮った時期が限定されるので、男性は「去年のクリスマスの写真なのかな」と思えて安心なのです。

夏だったら浴衣《ゆかた》姿の全身写真や、バーベキューでわいわい楽しげな光景などもいいですね。秋はハロウィンのコスプレや、冬だったらクリスマスデコレーションを背景にしたものなどを、全身写真で載せるのもおすすめです。

昔の写真はNG

そんなわけで、プロフィールに使ってはいけないのが、昔の写真なのです。

私自身も、「最近撮られたものですか?」とメールで訊《き》かれたことがあります。

そのメールの意味がわからず、質問の意図を訊いたところ、「失礼ですが、写真が年齢の通りに見えないので、昔撮られたものかと思いました」とのこと。

驚いたので、婚活アプリでお会いした男性陣にリサーチしたところ、【実際に会った女性が、だいぶ前に撮影した写真を使用していて別人のようだった】とか、【本人とわからないほど太っていた】などのエピソードがたくさん出てきました。

少しでも若く見せたい女心はもちろんわかりますが、あまりにも昔に撮った写真はやめましょう。

できれば、一年以内の写真が望ましいと思います。

いまは修正も簡単にできる時代です。昔の写真を使うのはやめて、**現在のあなたを撮って、思うぞんぶん修正してください！**

プロフィール文章で相手の心をつかむには

最初にお礼の一文を！

ネットの世界は、会うまではとにかくバーチャルです。ネットでどんなに盛り上がっても、会わなければ何もはじまりません。

ですから大切なのは、**男性が気軽に会いたくなるようなプロフィール文章**です。

最初に必ず、お礼を伝えましょう。

「ご覧いただきありがとうございます」
「プロフィールを見ていただきありがとうございます」

などシンプルな一文で大丈夫。

お礼の一文があるだけで、男性の好感度は実は意外なほど上がります。

男性は、女性よりもパーソナルスペースが広いので、「馴《な》れ馴れしい」のが苦手なのですね。だからお礼の一文があると、「礼儀正しいな」と感じて、多くの男性が好感を持ちます。

全体的に明るく、ポジティブに

そして、プロフィール文章は、**必ず明るくポジティブがポイントです！**

嫌いなものや苦手なものではなく、好きなことや得意なことを書きましょう。

相手に対しても、NGなことではなく、好みや希望を書くようにしてください。

たとえばこんな違いです。

×「好き嫌いがある方はちょっと苦手です」
○「好き嫌いのない方が好きです」

同じことを書いていますが、印象がずいぶん変わりますよね？
このようにプロフィール文章はすべて、ポジティブな文章にしてみてください。

同じように、年齢や外見などについて、自分を卑下するようなことは絶対に書いてはいけません。

たとえば、「こんな自分ですが〜」「ふつうのＯＬですが〜」「なんの取り柄もありませんが〜」「ぽっちゃりしていますが〜」「外見は期待しないでください」「焦っています」などなどはＮＧです。

男性へのリサーチでも、【マイナス印象を受ける文章や相手への要望ばかり書く方にはわがままな印象を持ちます】という回答がありました。

「友人の紹介で登録しました」という言い訳も、ネガティブに聞こえるので書く必要はありません。

あなたが男性のプロフィール文章を読むときも、同じ印象を持つはずです。

「なんの取り柄もない自分ですがよろしくお願いします」と書いている男性にはなんの魅力も感じませんし、ましてや会いたいなんて思いませんよね。

家庭的なところをアピールする

時代錯誤に思えるかもしれませんが、男性は単純なので、家庭的な女性が好きです。

とくに結婚を本気で考えている男性は、家庭的な女性を好んで探しています。

ですから、「お料理教室に通っています」「スイーツをよくつくります」「自炊しています」「会社にお弁当を持っていっています」などと一文入れて、**家庭的なことをアピール**しましょう。

「外食も好きだけど、おうちご飯も好き」というような文章もいいですね。

結婚願望のある男性が求めているのは、「この人がいる家に帰りたい」と思える相手。だから家ではしっかり家事もこなしていて、それでいて外でも一緒に楽しめる、そんな女性に好感を持つのです。

癒やし系をアピールする

ふだんアクティブにお仕事を頑張っている男性ほど、女性に「癒やし」を求めます。「家庭的」の要素ともリンクしますが、ワインや海外旅行が好きなど、お金がかかりそうな派手な女性より、**おうちでのんびり一緒に過ごせるような穏やかな女性が好まれる**のです。

そんなわけで、「彼氏とまったり過ごすのが好き」「日向《ひなた》ぼっこするのが好き」「散歩が好き」「愛犬とまったり過ごすのが好き」などの一文があると、男性は食いつきます。

プロフィールの趣味の欄に、「お散歩」「日向ぼっこ」「カフェ巡り」などを入れておくのも効果的です。

ふだんの日常に出会いがないことをアピール

逆に**アピールしてはいけないのが、リア充ぶり。**

「いま自分はこんなに恵まれていて、幸せ！」という文面は、どうやら男性をげんなりさせるようです。

「だったら、男なんて必要ないんじゃないの？」と、男性のプライドを傷つけてしまうからなのですね。

ですから、自分がリア充であることは、あまりアピールしないにかぎります。

「日常に出会いがないので、アプリをはじめました」という、さりげない一文を入れておきましょう。

そのほかには、「ずっと女子校で男性との出会いがないので〜」「会社と家の往復で出会いがなく〜」などもＯＫです。

お金がかかる印象を与えない！

男性が女性を吟味するうえで大事なチェックポイントになるのが、実は「お金がかかりそうな女性かどうか」ということ。

女性側からすれば、そんなつもりはないのですが、海外旅行が好き、ワインやフレンチが好き、エステやネイルが趣味などは、お金がかかる印象を与えてしまうので、書かないようにしてください。

お金がかかる女性だという印象を受けると、まともな男性は敬遠してしまいます。

旅行を趣味として書くなら、海外旅行のかわりに、「温泉でまったりするのが好き」など、国内旅行にしましょう。

男性は教養がある女性が好きですから、華道や茶道、着付けなどの趣味はアピールしてもかまいません。

ちなみに、私がプロフィールの趣味の欄に書いていた、「赤提灯《ちょうちん》」や「餃子の王将」「ガード下」「天下一品」などは、男性の食いつきがものすごくよかったです。

リサーチでも【珠子さんのように赤提灯系が好きですとか、高級な感じをあまり出さないほうが男性は誘いやすい（デート費用がかからない）と感じられると思います】という回答がありました。

この赤提灯系が好評なのは、お金がかからなそうなイメージを与えるからという理由ももちろんあるのですが、実は「ギャップ萌《も》え」も押さえているからなんですね。

男性って、**女性のギャップにとても惹かれるもの**なのです。

外見が小綺麗な印象なのに、居酒屋好きと書かれていると、男性は「おっ」と興味を抱きます。私も、毎回のようにこんなメールをいただきました。

「全然そんなふうに見えないですけど、本当ですか？　ぜひ一緒に行きましょう！」と。

プロフィール写真では、洒落《しゃれ》たお食事しかしないように見えるのに、実際は「赤提灯」も楽しめちゃう。男性はそんな女性が大好きなんですね。

だからぜひ、ギャップを意識してみてください。

趣味の欄では、「ワイン」の隣に「赤提灯」と書いておくのもおすすめです。

未来を感じさせると◎

プロフィール文章では、**「〜してあげたい」「一緒に〜したい」など、二人の明るい未来を感じさせる一文も入れましょう。**

逆に、ＮＧなのは次のセンテンスを含むもの。

「～につれてって」「～してほしいな」

なぜダメかというと、男性に負荷がかかるような印象を与えてしまうからです。

「甘え上手はモテる」というのは事実なのですが、それは実際に会って、関係性がある程度できてからのお話なのですね。

まだ、お会いしていないこの段階で甘えをアピールしてしまうと、男性には「めんどくさそう」という印象しか残りません。

ですからプロフィール段階では、「～してあげたい」「一緒に～したい」を入れましょう。

「つかれたときはマッサージしてあげたい」「いつも一緒に笑顔でいます」など、ちょっと恥ずかしいと思ってしまうくらいかわいらしい一文がおすすめです！

気軽に誘える雰囲気に！

何度もお話ししていますが、ネットでの出会いはとにかく気軽さがメリット。
ですから、**男性が気軽に誘いたくなるような一文**を入れましょう。

「お仕事帰りに飲みに行きましょう」
「一緒にカフェを開拓しましょう」
「おすすめのお店を教えてください」
「まずは飲み友達から」

などがよいと思います。
「アウトドア仲間も募集しています」のような一文もいいですね。

「次にお付き合いした方と結婚したい」など、重くて真剣すぎる印象を与えてしまうのはよくありません。

お相手に実際に会うまでは、気軽さを大切に！

男性と早く会いたい方は最後にこれを！

ここまでは、男性に好印象を持ってもらうためのプロフィールづくりについてお話ししてきました。

この先には、申し込みをいただいて、互いに気に入ったらマッチングして、メールのやりとりをして、会う約束をする、というプロセスが待っています。

まだ会ってもいない相手とメールで長々やりとりするのは、はっきりいって時間の無駄ですよね。だって、会ってみたらやっぱりこの人は違うと感じることもあるのですから。

だからこそ、マッチングしたらできるだけ早く会ったほうがいいのです。

そのためにも、**最後にはぜひ「早めに会える方を希望します」と一文書いておきましょう。**

さらに好感度アップをねらうなら

男性に好印象を与えるためには、アプリの登録時にイニシャルになっている**名前部分をニックネームに変更**してください。そのほうが親しみやすい印象になるのです。

ただし、本名は使わないほうがよいと思います。

また、**お酒好きな方の場合でも、プロフィールでは「ときどき飲む」を選択**しましょう。

そのほうが謙虚でかわいらしい印象になりますよね。

そして好きなこと・趣味の欄には、「お散歩」や「日向ぼっこ」「お料理」など、ここでもやはり**家庭的で癒やし系のイメージ**を盛り込んでください。

ご参考までに、私が実際に登録していたプロフィールをご紹介しておきますね。

私のプロフィールページ

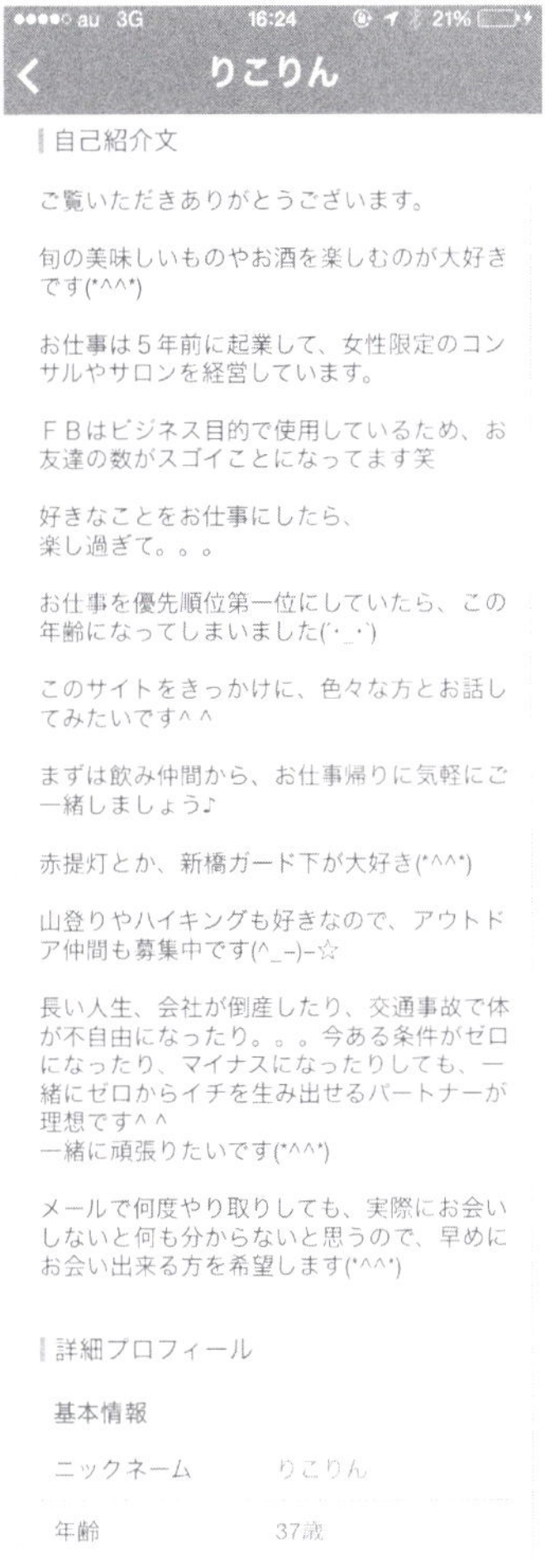

●●●●○ au 3G 16:24 21%

りこりん

自己紹介文

ご覧いただきありがとうございます。

旬の美味しいものやお酒を楽しむのが大好きです(*^^*)

お仕事は５年前に起業して、女性限定のコンサルやサロンを経営しています。

ＦＢはビジネス目的で使用しているため、お友達の数がスゴイことになってます笑

好きなことをお仕事にしたら、
楽し過ぎて。。。

お仕事を優先順位第一位にしていたら、この年齢になってしまいました(´・_・`)

このサイトをきっかけに、色々な方とお話してみたいです^ ^

まずは飲み仲間から、お仕事帰りに気軽にご一緒しましょう♪

赤提灯とか、新橋ガード下が大好き(*^^*)

山登りやハイキングも好きなので、アウトドア仲間も募集中です(^_−)−☆

長い人生、会社が倒産したり、交通事故で体が不自由になったり。。。今ある条件がゼロになったり、マイナスになったりしても、一緒にゼロからイチを生み出せるパートナーが理想です^ ^
一緒に頑張りたいです(*^^*)

メールで何度やり取りしても、実際にお会いしないと何も分からないと思うので、早めにお会い出来る方を希望します(*^^*)

詳細プロフィール

基本情報

ニックネーム	りこりん
年齢	37歳

●●●●○ au 3G 16:24 21%

りこりん

血液型	O型
兄弟姉妹	次女
国籍	日本
話せる言語	英語, 日本語
居住地	東京
出身地	東京
Facebook友達数	友達3600人以上
学歴・職種・外見	
学歴	大学卒
職種	経営者・役員
身長	156cm
体型	普通
恋愛・結婚について	
結婚歴	独身（未婚）
子どもの有無	なし
結婚に対する意思	良い人がいればしたい
子どもが欲しいか	はい
家事・育児	積極的に参加したい
出会うまでの希望	マッチング後にまずは会いたい
初回デート費用	相手と相談して決める
性格・趣味・生活	
性格・タイプ	楽観的, 素直, 思いやりがある, 好奇心旺盛, 穏やか
社交性	すぐに仲良くなる
同居人	一人暮らし
休日	不定期
お酒	ときどき飲む
タバコ	吸わない
好きなこと・趣味	お散歩、登山、日向ぼっこ, お料理、ワイン、日本酒、旬のもの、赤提灯、せんべろ居酒屋、天下一品、餃子の王将、魚金、, 温泉、旅行、お仕事

自分好みの男性からアプローチされるための6ステップ

では次に、自分でお申し込みせずに、自分好みのお相手からお申し込みしてもらう（＝「いいね！」をもらう）マル秘テクニックをご紹介しましょう。

自分からお申し込みをするよりも、できるならやはり、男性からお申し込みをもらいたいものですよね。そのほうが相手（男性）のモチベーションが高いので、その後のメールのやりとりや会うまでの流れがスムーズにいく可能性も高いからです。

でも、自分好みの男性からお申し込みをもらえたらベストですが、ほとんどの場合、好みではない男性からのお申し込みが大半のはず。ちなみに私も、七二歳の自由業の男性から「いいね！」をいただいたことがあります。

多くの女性がここでショックを受け、モチベーションを下げてしまいます。

でも、それはもったいない！　そんなことで、いちいち腹を立てたり凹《へこ》んだりするなんて、エネルギーと時間がもったいないと思いませんか？　ネット婚活は、実際に会うまではあくまでバーチャルな世界。いちいち傷つかないのもネット婚活成功のポイントです。

これからご紹介する方法で、私は自分が会いたいと思った男性からたくさんのお申し込みをいただきました。

誰だってやっぱり、自分好みの男性からお申し込みをしてもらいたいですものね！

そのためには必ず、さきほどお教えした通りのプロフィール写真とプロフィール文を用意してください。

そして、これからお伝えするテクニックを、とにかく数多くこなしましょう！

ステップ1・できるだけ「オンライン」に

時間があったら、一日に何度も、こまめにサイトにログインしましょう。

なぜなら、女性を検索するときに**「ログインが新しい順」で検索する男性が多い**から。私が実際にリサーチしてわかった結論です。

こまめにログインしていると、検索されたときに検索結果で上位に表示されやすくなります。その結果、多くの男性の目にとまり、お申し込みの数が増えるというわけです。

とくに、たくさんの男性がサイトにログインする土日は、意識してこまめにログインするようにしましょう！

ここで、超具体的な秘策をご紹介します。

ある生徒さんから、**「サイトにログインする前にスマートフォンの省エネモードをオフにする」**という、マル秘テクニックを教えてもらいました。

たいていの方は、携帯の電池が減らないよう、数秒経つと画面が暗くなるよう省エネモードをオンに設定していますが、それをオフにするのです。そうすると、アプリにずっとログインした状態になります。

その生徒さんは、この方法でつねにログイン状態を保ち、検索結果の上位に露出することに成功、たくさんの「いいね！」をゲットしていました！

ステップ2・まず検索

人によって、男性に求める条件や好みは違います。

まずは、**ざっくり自分好みの男性を検索**しましょう。

ちなみに私は、年齢、居住地、年収、タバコを吸わない、最終ログイン一週間以内、並び替えは、「登録日が新しい順」「ログインが新しい順」のいずれか、結婚に対する意思（すぐにでもしたい＆一～三年のうちに＆良い人がいればしたい）、出会うまでの希望（マッチング後にまずは会いたい＆気が合えば会いたい）のみを設定していました。

ご参考にしてみてください。

そして検索して、自分好みの男性が抽出されてきたら、次のステップです。

ステップ３・足あと残す作戦（数で勝負！）

文字通り、とにかく**たくさんの男性に足あとを残しましょう！**　ここでは数で勝負です。

その前に必ず、アプリの設定を確認しましょう。

各種設定→足あと設定→「残す」になっていれば大丈夫です。

「残す」になっていないと、相手に足あとを残せません。

足あとを残すのはなんとなく恥ずかしいと思ってしまう女性も多いようなのですが、それはとってももったいない！　こんなところで謙虚になっても、まったく意味がありません。

お相手の気を引くには、足あとが有効です。

私の実感としても、足あとをチェックしている男性は多いです。

ですから私は、男性を検索して、素敵だな、会いたいなと思った男性には、片っ端から足あとを残しました。**時間がもったいないですから、その男性のプロフィールはいちいち読まなくてもかまいません。**

だって、**もう好みの条件で検索しているので、最低限の自分好みのフィルターがかかっていますから。**足あとを残して、相手からお申し込みが来たらラッキー！　それぐらいの気軽さで、じゃんじゃん足あとを残しましょう！　目安は一日一回。

移動時間や、テレビを観ながらの流れ作業でいいのです。スマートフォンの画面をどんどんスクロールさせて足あとを残していってください。

この〈ステップ3〉では、何度も言いますが、とにかく数が大切。

少しでも多くの男性に足あとを残すことが、何よりも最優先事項です！

ステップ4・自分の足あとチェック作戦

同じように、自分のプロフィールを訪れた男性の足あとも毎日チェックしましょう！

そしてもし、**自分好みの男性があなたに足あとを残していたら、あなたもそのお相手に足あとを残す**のです。

これを何度かやりとりすると、向こうからお申し込みが来る可能性が高くなります。

「足あとを何度も残す＝気になっている」ということだからです。

私の場合も、何度も足あとを残し合っている男性から、最終的に「負けました（笑）」というメールとともにお申し込みをいただいたことがあります。

ステップ5・お気に入りに登録作戦

今度は、〈ステップ2〉よりもっと細かく条件を設定して、自分好みの男性を検索します。抽出されてきた男性を、あなたの「お気に入り」に追加してください。

そして**お気に入りに登録した男性に、毎日「足あと」を残しましょう。**

ちょっぴり気長な作戦ですが、三〜五日つづければ、向こうからお申し込みが来ることが多いと思います。

五日つづけても来なかったら、足あとをチェックしていない可能性があるので、とくにお気に入りの男性から優先順位をつけて、自分からお申し込みしましょう！

ステップ6・コミュニティ作戦

コミュニティは、とにかくたくさん入るのがおすすめ！

あなたが興味のあるものはもちろんですが、**大切なのは「あなたが会ってみたい男性が入っているコミュニティに入る」こと**です。

私がいただいた男性からのお申し込みでもっとも多かったのが、「共通の趣味がたくさんあったので」とか「コミュニティが同じで」という理由だったから。

男性のほうも、できれば共通の趣味がたくさんあったり、好きなものに共通点がある女性と仲良くなりたいのですね。男性を好みの条件で検索して「この人と絶対会いたい！」

という人がいたら、その人が所属しているコミュニティには片っ端から入りましょう。

たとえ、さほど興味のないコミュニティでも、戦略的にがんがん入りましょう。

私はこの作戦で、「あり得ないぐらいコミュニティが被っていたので」と、絶対会いたいと思っていた男性からのお申し込みをゲットしました！

そりゃあ被っていますよね。わざとそうしているんですもの（笑）。

共通の趣味を持っている男性、好きなものが同じ男性と出会いたい人は、自分の好きなコミュニティから男性を探していくのもよいでしょう。

ただし、コミュニティから一人ひとりのお写真を見て、そこからプロフィールを見なければならないので、効率がややわるいと思います。時間があるときや、電車などでの移動時間を利用して、集中的にコミュニティから探すといいですね。

マッチング率がぐんと高まるマル秘テクニック

さて、ここまでは「たくさんの男性（できれば自分が会いたい男性）からお申し込みをもらう方法」についてお伝えしましたが、あなたがいちばん会いたい男性に、いちばんてっとり早く会える方法が、実はあります。

それは、「自分から申し込む（いいね！する）」ことです！

だって、相手からお申し込みが来る（いいね！が来る）のを待っているだけでは、時間がもったいないないですよね。

婚活アプリでは、女性は基本無料なのですから、躊躇《ちゅうちょ》せず恥ずかしがらず、**くだらないプライドは捨てて！　自分からアプローチしてみましょう。**

積極的に会いたいなら、ポイントを購入して、会いたい男性にどんどんお申し込みするのもおすすめです。

では、お申し込みした男性から「いいね！」をもらえる（マッチングする）確率が高くなるマル秘テクニックをお教えしていきましょう！

登録日が新しい順で検索してお申し込みする

婚活アプリに登録したばかりの人は、プロフィール画像に「ＮＥＷ」と赤く表示されています。

この「ＮＥＷ」の方たちが、実はねらい目！

なぜなら、登録したばかりの人はまだ勝手がわからないため、あなたからのお申し込みをＯＫしてくれる、つまり「いいね！」してくれる確率が高いのです。

自分好みの条件＆登録日が新しい順で検索して、登録したばかりの「ＮＥＷ」の人をねらってがんがん申し込みましょう。

ログインが新しい順に申し込む

まさにいま、**オンライン中の人をねらって申し込みましょう！**

アプリを開いているときに相手からお申し込みが来ると、すぐにプロフィールを見てもらえますし、「いいね！」してもらいやすいからなのです。

とても単純なことですが、効果的です。

「いいね！」してもらいやすい曜日と時間帯をねらう

男性の多くは、**朝晩の通勤時間や平日夜、土日**にログインしています。

ですから、平日の就業時間に「いいね！」をしても、あまり見てもらえない可能性があります。平日お仕事中の時間は、できるだけ避けましょう。

また金曜日の夜も、男性のログイン数は少ないのでおすすめしません。あなたからの

「いいね！」で、お相手とのマッチングをねらうなら、次の時間帯が最適です。

・出勤時間の電車での流し見タイム
・お昼休みのふとした流し見タイム
・帰宅後のゴロゴロタイム

また、私の実践では、土日祝日のとくに午前中にログインしている男性が多いと感じました。お正月、ゴールデンウィークのような連休も、ログインしている方が多いのでねらいどきです。

マッチングしなくても気落ちしないで

最後に、自分からお申し込みする際の心がまえをお伝えしておきます。

まず、「いいね！」は、返してもらえなくて当たり前だと思ってください。

一〇人に「いいね！」をして、一人マッチングすれば万々歳！

ですから、あなたからお申し込みしてお相手から「いいね！」がなくても、気にしてはいけません。「いいね！」を返してもらえたらラッキー！　ぐらいの気楽さが大切です。

ネット婚活ではとにかく数が決め手ですから、一〇人に会いたかったら一〇〇人に申し込めばいいのです。

そして、「いいね！」がないからといって、自分を卑下する必要もまったくありません。

だって、あなたは素晴らしい価値のある女性なのです。

あなたの価値やよさをわからない男性とは、会っても意味がないということです。だから、どんどん次にいってください。

そして、**ネット上でやりとりしているあいだは、あくまでバーチャル**だということを忘れずに！　**会うまでのやりとりで傷ついてはいけない**のです。そんなことに心のエネルギーを使うのは、本当にもったいないと思います。

また同じように、**まだお会いしてもいないお相手に執着するのもやめましょう。**

女性は想像力が豊かなので、メールでのやりとりを長くすればするほど、お相手を勝手に妄想して、理想の彼氏像にしてしまう傾向があります。

でも、まだ会ってもいない人についてあれこれ妄想するなんて時間の無駄ですし、お会いしてがっかりだなんてお相手にも失礼ですよね。妄想の彼以上の男性なんて現実世界にはいませんから。

だからこそマッチングしたら、できるだけ早く会うようにしましょう！

株式会社エウレカ
取締役兼pairs事業責任者
中村裕一さん

Column 2 FACE to FACE

婚活アプリ開発者さんに
お会いしました！

01
pairs（ペアーズ）

「結婚式で堂々と『ペアーズで会いました！』と言っていただけるような文化をつくりたい」

――立ち上げの背景や想いを教えてください。

「二〇一二年当時アメリカではオンライン・デーティングがすでに一般的でしたが、日本ではネガティブなイメージが強かったんです。でもニーズは確実にあるので、安全・安心にさえできれば市場として可能性があると思ってスタートしました。また、私たち自身もそうだったのですが、仕事は充実しているけれど忙しくて出会いがない……という方たちに使ってほしいと思っていましたね」

――いま登録者数はどれくらいですか？

「台湾と合わせると三六〇万人ほどですが、日本だけだと二六〇万人弱ぐらいです」

――年齢層はどんなバランスですか？

「登録者数でいうと、実は二〇代が過半数なんです。ただアクティブに使ってくださっている方で見ると、やはり三〇代前後が多いですね」

――まさにリアル婚活世代ですね。男女比は？

「男性が六五パーセント、女性が三五パーセントです。この比率は二〇一二年一一月にリリースしたときから、ほとんど変動がありません」

――条件検索が充実しているのが特徴ですね。

「恋愛に発展するプロセスは人それぞれですよね。見た目から入る人もいれば、コミュニティなどの共通項が重要な人、職業が大事な人など、重要視する項目は個々人で違うので、できるだけたくさんの検索機能を用意したいなと考えています」

――ほかにはどんな特徴がありますか？

「力を入れているのはコミュニティ機能ですね。立ち上げ当初のユーザーさんは、もともとミクシィを使っていた方が多くて、ミクシィのコミュニティのオフ会でカップルになったと話している方がけっこういらっしゃった。だから『コミュニティ』という小さな箱をつくってあげれば、恋愛の出会いの場になるのではと。みなさん知らない人同士ですから、いきなりコミュニケーションを取るのはむずかしいけれど、共通のコミュニティがあると会話の取っ掛かりになって、その後のコミュニケーションがスムーズに進むんですよね」

――たしかにそうですね。ちなみにコミュニティごとに掲示板をつくったりはしないのですか？

「掲示板は検討しました。ただ実は、掲示板は投稿監視にすごくコストと時間がかかるんです。いわゆる出会い系サイトにはよくある機能ですが、彼らは掲示板を投稿監視しきれていないから、援助交際などの危険を防止できないのだと思います」

――プロフィール承認やつぶやきの更新などの審査は、誰かが張り付いて監視しているんですか？

「人が目視して、二四時間体制で確認しています。私たちのポリシーは、危険性がなく安全・安心であることと、本来の目的外の利用を排除することです。だから掲示板は安易に設けられないんですね。セキュリティ面でいえば、どんなに高額を払ってくださっている会員さんでも、一定以上の違反報告があれば利用をご遠慮いただいています」

――安全と安心を最優先させているんですね。

「監視をお願いしている提携企業さんからは、他

社の数倍の費用をセキュリティに使っているといわれます（苦笑）。それでもまだ業者の排除には至らず、お客様からは『いる』といわれてしまう。だからこそ徹底して安全を最優先しています」

――クレームはどんなものが多いのですか？

「やはり既婚、エッチ目的、投資、マルチ商法の四つですね。ただマルチのほうはLINE交換してから勧誘するようで、すべて監視することはできていません」

――そういう意味では、ペアーズさんのサイト上でやりとりしていたほうが安全なんですね。

「コミュニケーションツールとしてLINEさんほど優れていないので恐縮なのですが、安全を考えればペアーズでやりとりしたほうが安心です。とはいっても、登録の時点で僕らの監視と投稿管理会社の監視が入って年齢確認もしているので、たまたまバーで出会った人とLINEを交換するよりはずっと安全だと思います。それでも、ネットのほうが怖いと答える方がまだまだ多いのですが……。ユーザー情報も、私とCTOとカスタマーサポート以外は、社内でも誰も見られません」

――今後どんなヴィジョンをお持ちですか？

「想像以上に『出会い系』の壁が大きくて大変な時期もありましたが、今後は僕らが日本でのオンライン・デーティングのリーディングカンパニーになって、婚活アプリでの出会いを当たり前にしていきたいですね。結婚式で堂々と『ペアーズで出会った』といってもらえるような文化をつくるのが、私たちの使命だと思っています。ネットだから優れているわけではないですが、ネットとリアルを並列にしていきたいなと思うんです」

私の結婚相手は、
実はペアーズで出会った方。
ありがとうございます♡

第三章
必ずデートが実現するメールの作法

相手をその気にさせるファーストメールの送り方

男性とマッチングしたら（お互いに「いいね！」をし合ってカップルが成立したら）、いよいよサイト上でメールのやりとりがスタートします。

ここではまず、心がけていただきたいことが二つあります。

1. メールをやりとりする男性の人数は、つねに一〇人を目安にする。
2. その一〇人のうち六人と会うのを目標にする。

メールのやりとりを一〇人と同時並行するなんて無理！　と思う方もいらっしゃるかもしれませんが、心配ありません。

第二章でお話ししたテクニックを使えば、マッチング率がぐんと上がるので、一〇人は余裕でできるはずです。

それに、リサーチした男性からもこんな意見がありましたよ。

【とにかく、たくさん出会うことだと思います。いい男性に出会うということ自体が確率論なので、まずは分母を増やすことが大切だと思います。

そして、何人かの男性と同時並行で恋愛することではないでしょうか。大丈夫、男性はあなたの三股に気づかないです。バカだから（笑）】

そうなんです。**真剣なお付き合いがスタートしたらもちろん別ですが、それまでは同時並行すればいい**のです。後ろめたさを感じる必要なんて、まったくありません！

だからメールはつねに一〇人と同時並行を心がけてみてください。

そうすると、一人の男性に執着したり、相手に余計な妄想を抱いたりという、無駄なエネルギーを使うこともなくなります。

そして、その一〇人のうちの六人と会うことを次の目標にしましょう！

ファーストメールは「気軽さ」がポイント

マッチングしたあと、最初のメールは、もちろん男性から送られてくるのが理想的です。でも**三日待っても来なかったら、あなたからメールをしましょう。**待つ時間がもったいないですものね。

自分から送る**ファーストメールは、いかに相手が気軽に返信できるか、がポイント。**これがすべてといってもいいくらいです。だって、返信がもらえないとメールのやりとりすらはじまりませんからね。

長すぎず、相手が気楽に返信できるメールを心がけましょう。

私が男性に送っていたメールのテンプレートを、ここでご紹介します。ぜひ真似てみてください。

自分からファーストメールを送る場合。

「はじめまして。〜と申します。マッチングありがとうございます。うれしいです。お名前、なんてお呼びすればよろしいでしょうか？」

相手からファーストメールが来た場合。

（相手の名前がわからない場合）

「ご連絡ありがとうございます。うれしいです。お名前なんてお呼びすればよろしいでしょうか？」

（相手の名前がわかる場合）

「〜さん、ご連絡ありがとうございます。うれしいです」

これに、下記のいずれかをプラスします。

「～さん、お仕事はどの辺りでされているんですか？」
「～さんはいつもどの辺りで飲んでらっしゃるんですか？」
「～さんも～お好きなんですね。おすすめをぜひ教えてください」

頻度も長さも相手に合わせるのがコツ

先日も生徒さんから、マッチングした男性に自分から最初のメールを送っても返信が来ないというご相談をいただきました。

生徒さんが最初に男性に送ったメールをいくつか見せてもらったところ……とても長かったのです。

これでは、相手の男性は返信するのがおっくうになってしまいます。

ファーストメールの時点では、相手の男性がメール無精なのか、それともマメなのか、まだわかりませんよね。

相手にとって心地よいメールの長さがわからないうちは、気楽にやりとりできるメールを心がけましょう。

うまくやりとりするコツは、**メールの頻度も長さも相手に合わせる**こと。

人とのコミュニケーションで大切なことは、実は相手の熱量に自分の熱量を合わせることなのですね。

これはメールにかぎったことではないですが、相手のテンションに合わせたり、相手のしぐさを真似したりすると、人は好感を抱くものなのです。

ですからぜひメールでも、男性のテンションに合わせてやりとりするようにしてみてください。そうすると、気が合うなと自然と好意を持たれやすくなります。

メールは質問形で終わらせて

メールのポイントはとにかく、相手の立場にたって、相手が返信しやすいようなメールを心がけること。

男性から来るメールは「職場はどちらですか？」「休日は何をしていますか？」など、だいたい質問のメールが多いと思います。

それに答えるかたちで**「〜さんはいかがですか？」と、必ず質問形でお返事**しましょう。

そうすると男性は、自分ばかりが一生懸命質問をふらなくてもいいんだなと思えるので、気がラクになるのです。

私が実際にお会いした男性へのリサーチでも、こんな意見がありました。

【メールだけでなく会話もそうだと思いますが、コミュニケーションはキャッチボールだと思います。相手からの質問などに答えるだけの文章でなく、女性からも積極的に質問等を投げかけると盛り上がるのではないでしょうか。また、仲良くなって会うならどのような場所に行きたいか、何をしたいかなど、アピールしたほうが男性も誘いやすくなり、実際に会う可能性も高くなるのではないかと思います】

【「男性＝質問者、女性＝回答者」と決まってのコミュニケーションは、男性にとってはしんどく、なんとなく「流されてるのかな」と感じてしまうので、簡単でも結構なので適度な質問が入っていると、会話のキャッチボールが円滑になると感じます】


逆に、男性がメールで回答するばかりで質問がない場合もあると思います。

こちらが話のネタや質問をいつも考えなければならず、疲れてしまいますよね。

そんなとき、私はいったんお休みすることにしています。

男性から回答のみのメールが返ってきたら「そうなんですね♪」だけにして、こちらからは質問しないのです。

悪気のない、ただ単にコミュニケーション能力が低いだけの男性だったら、今度はしっかり質問をふってきてくれます。

こちらにあまり興味がなく、努力する気のない男性は、自然にフェードアウトしていきます。そうした男性は、実際に会えたとしてもうまくいく可能性は低いので、逆に会う前にわかってラッキー。メールのやりとりが自然消滅しても気にする必要はまったくありません。

やめておいたほうがいい男性の見極め方

ひと言返信ばかりの人はNG

マッチングしてメールのやりとりをはじめて、びっくりしたことがあります。

最初のメールが「はろー」のみで、次のメールが「よろしくね〜」だった男性がいました。これがひと言返信です。

私はその男性とやりとりするのは時間の無駄だと思って、そっこうブロックしました。人としてどうなのかしら？　という違和感を抱いたからです。


メールのやりとりだけでも、相手の人間性、性格、知性、品性、教養はある程度わかります。

たとえば、最初に「返信ありがとう」「夜分遅く失礼します」「お仕事お疲れさまです」などがあるかないかで、その人の優しさや思いやり、社会人としてのマナーがわかりますよね。

ひと言メールをよこす人は、人として論外です。やめておきましょう。

最初からタメ語の人は疑って

まだお会いしてもいなくて、これからお互いを知ろうという段階なのに、いきなりタメ語を使う人は疑ってください。

相手への配慮が欠けているように感じますし、社会人のマナーとしても、かなり疑わしく思います。

これは個人の価値観にもよりますから絶対にダメというわけではないのですが、私自身は、最初のメールでタメ語の人がとても苦手です。

それだけで「馴れ馴れしい」「礼儀がない」「遊び目的なのかな」という印象を抱いてしまうんですね。

このように、**自分が直感的に違和感を抱く人は、相性がよくない可能性が高い**と思います。

違和感があるなと思ったら、無理してメールのやりとりをつづける必要はありません。

ブロックして次にいきましょう！

すぐにＬＩＮＥを交換したがる男性はＮＧ!?

サイト内でメールのやりとりがはじまると、ＬＩＮＥの交換を希望してくる男性が多くいます。その男性ともっと仲良くなりたい、会いたいと思ったら、ＬＩＮＥ交換をオファーされたときに交換しましょう。

ただ、誰とでもＬＩＮＥを交換していると思われないために、こんな文面にするのがおすすめです。

「こんなに早くLINEを交換するのははじめてなのですが、

~さんは信頼できる方だと思ったので、お教えしますね」

「こんなに早くLINEを交換するのは正直不安なのですが、

~さんは信頼できる方だと思ったので交換しますね」

「サイト以外でやりとりするのは不安ですが、

~さんとはもっと仲良くなりたいと思ったのでお教えしますね」

こうした文面で、相手に特別な優越感を持たせてあげましょう。

また、たいしたやりとりもしていないのに、いきなりＬＩＮＥ交換を迫ってくる男性は、下心があったり、業者（サクラ）だったりする可能性もあります。不安でしたら、もうしばらくサイト内でやりとりするよう提案しましょう。それでもＬＩＮＥ交換を強要してくる男性はやめたほうがよいと思います。

サイト内でのメールのやりとりは原則、運営者側がしっかり監視していますから、セキュリティのうえでも、実はとても安全です。

ＬＩＮＥをはじめ、個人のアドレスでのやりとりになれば、もう誰も監視してくれませんから、あなたがしっかり見極めなくてはならなくなります。

お相手が何か別のサイトに誘導してきた場合は確実に業者（サクラ）ですから、すぐにサイト運営会社に違反報告のうえ、ブロックしてくださいね。

急に返事が来なくなっても傷つかないで

ネット婚活をはじめてしばらくするとわかることですが、メールのやりとりが自然消滅してしまう男性はけっこういます。

ふつうにやりとりしていたはずなのに、急に返信が来なくなったり、気づいたら退会してしまっていたというのは、よくあることです。

これは気にする必要はまったくありませんし、ましてや傷つく必要もありません。

何度もお伝えしていますが、ネット婚活では、実際にお会いするまでは、あくまでバーチャル。

気軽にはじめられて、気軽にやめられるのがネット婚活のいちばんのメリットなのです。

すぐに切り替えて、次に進みましょう。大丈夫。素敵な男性はたくさんいますから！

ご縁のある人とは必ずつながる

それでも、まっとうな男性は、退会前にひと言メッセージをくださる場合もあります。

「このサイトで素敵な出会いがあったので退会します。〜さんにも素敵なご縁がありますようお祈りしています」

といった具合です。

こうしたメールをいただいたら、もちろん祝福メッセージの返信をしてあげましょう。

なぜなら、お付き合いを開始して三カ月以内に別れるカップルが、実は五〇パーセントだからです。

つまり**サイトで出会った女性と交際をはじめても、別れてまたサイトに戻ってくる可能性があります。**

実際に私も何人か、一度退会された男性から再度ご連絡をいただきました。

サイトでしかやりとりしていない場合は、サイト経由でまたお申し込みをいただいたり、個人的な連絡先（ＬＩＮＥやメールアドレスなど）を交換していた場合は、そちらに直接連絡がありました。

ですからお目当ての彼が退会しても、失望しないでください。

彼が本当にあなたとご縁のある男性なら、きっとまた連絡があるはずです。

連絡がないのであれば、その男性は今後のあなたの人生にとって、必要のない男性だということ。それがあなたへの、宇宙からのメッセージなんですね。

業者の勧誘には注意して

私はあまり出会わなかったのですが、何人かの生徒さんから、ネット婚活でビジネス目的の業者（サクラ）がいたとの報告を受けています。

「携帯が壊れたからこちらのサイトで会いましょう」などと、**別サイトへ誘導する人は業**

者であることがほとんどです。

また、**メールの文面があきらかにテンプレートだとわかる人も業者**です。複数の方につぎつぎと同じメールを流しているのですね。こちらの質問に答えずに、一方的なメールであることが多いので、不自然なやりとりになります。意識すればすぐにわかると思います。

プロフィール写真があまりにもイケメンで、収入が高額すぎる人や条件がよすぎる人も業者の可能性が高いので要注意です。

入退会を繰り返している男性はスルーが吉

私はずっとサイトをチェックしていますが、入会と退会を繰り返している男性は、わりといらっしゃいます。その理由は下記のようにさまざまあると思います。

・彼女ができた→別れてまた入会した

・仕事が忙しくなって退会した→落ち着いたからまた入会した

・心機一転、仕切り直し

ただ、**あまりに頻繁に入退会を繰り返している男性はあやしい**と思います。何か別の目的である可能性が高いので、非表示かブロックにしてかかわらないほうがよいでしょう。

そのためにも、サイトには毎日必ずログインし、新しく入会された方をチェックしておくのがおすすめです。

「男性から誘わせる！」メールのやりとりの秘訣

ネット婚活をはじめた生徒さんたちからよく聞くのが、「メールをしても会うまでいかない」というお悩みです。

でも、もう一度思い出してください。

ネット婚活での成功の秘訣は、とにかく早く「実際に会うこと」。

実際に会うまでの時間と労力は、少なければ少ないほどよいのです。

どんなに時間をかけてメールのやりとりをしても、残念ながら会った瞬間に「この人は違う……」とわかることだって十分にあり得ます。

あなたの時間、労力は貴重な財産です。

だから決して無駄づかいせず、価値ある男性に投資しましょう。

会ってみなければ何もわからない

その男性があなたにとって価値ある男性かどうかは、実際に会わなければわかりません。

なぜなら、私たちは動物だから。

どんなにメールで盛り上がって、見た目や条件があなた好みだとしても、会った瞬間、**直感がノーといえば、ナシ**なんです。

ただ、私たち現代人は、感覚を使わず脳ばかり使う癖がついてしまっているので、つねに思考を優先して直感が埋もれがちです。

そのせいか、「直感にしたがってください」といっても、「どれが自分の直感かわからない！」という人が増えています。

そういうときは、「身体」に訊いてください。

「その人に触れられたい？　キスできる？」と訊くと、「無理！」とか「できちゃうか

も!?」とか、一瞬で答えが出ると思います。

それがあなたの直感です。

ルックスが好みで条件もいいから絶対に大丈夫と思っていても、会ってみたら「何か違う」ということは絶対にあります。

だから、早く会えれば会えるほど、いいのです。

一カ月以内に会うのがベスト

ネット婚活はとても効率的なので、お互いのタイミングが合えば、その日にマッチングして即日会うことだってできます。

ちなみに私も、朝やりとりをはじめた男性と、その日の夜にお会いしたことがあります。

方法はとてもシンプルです。

当日や翌日の予定が急にキャンセルになることってありますよね。そんなときに、ネット婚活でメールのやりとりをしている男性に連絡をするのです。

「明日（今日）の夜、急に空いてしまったのですが、もしかしてお時間あったりしますか？」

自分が会いたいと思う優先順位の高い男性から、順番にメールをしていきます。

もし「明日（今日）はむずかしいな」という返事があった場合でも、あちらから「〜曜日はどう？」という提案をいただき、会う約束をとりつけてしまえることもあります。

こんなふうに、自分のスケジュールに合わせて都合よく使えばいいのです。

ネット婚活では、効率と合理性を最重要視しましょう！

目標は、メールをやりとりしはじめてから「一カ月以内に会うこと」。

まずはやはり、「男性から誘わせること」をめざしたいですね。

男性は自分が決断したことに責任を持つ傾向が強いので、男性から誘ってもらった場合のほうが会ってからもスムーズに進む確率が高いのです。

では、どうやって、労力と時間をかけずメールで男性に誘わせるのか？
三カ月で一〇四人の男性とデートした私が実践した五つのポイントをお教えしますね。

男性から誘ってもらうメールの5ポイント

最初の数回のメールの内容は、次の五つの内容に絞ってやりとりするよう心がけてみてください。

1. お互いの勤務地や住んでいる地域
2. 仕事は忙しいのか、いつも何時頃終わるのか
（平日夜でも会えるのか、土日だけなのか探るため）
3. いつもどの地域で飲むのか、ご飯しているか
4. 好きな食べ物は何か

5. 休日は何をしているのか

この五点に絞ってやりとりしていると、積極的な男性や気が利く男性はたいてい、あちらから誘ってきてくれます。


「いつ会いましょうか？」

「お休みいつですか？　ご飯行きましょ！」

「今度お時間あったらご飯でも行きませんか？」

「今度予定が合えばお食事でもいかがでしょう？」

「来週か再来週、ご飯でもいかがですか？」

「まずは食事でも行きたいので返信ください」

「お時間あるときに、お会いしてお話しできたらなと思うのですが、いかがでしょう

か？」

これらは、実際に私がいただいたメッセージのほんの一部です。

このように、ズバッとわかりやすく誘ってくれる男性もいますが、行きたいのか行きたくないのか、わかりづらい男性もいます。

たとえばこんなメールの文面です。

「都合が合えば行きましょう」
「一緒に食事ができればいいですね」
「近いうちお会いしてお話ししてみたいですね」
「○○だったら、美味しいお店知っていますよ～」
「ぜひ楽しいお酒をご一緒できたらと思います」

こうしたあいまいなメールを送ってきた男性には、次のようなお返事をして一気にたたみかけちゃいましょう。

「わぁ、うれしいです！　ご都合よい日いくつかいただけたら、調整しますね」

「わぁ、うれしいです！　～さんのご都合よい日、教えていただけますか？　楽しみですね♪」

こう返信すると、大半の男性は具体的な日程を提示してくるはずです。

もしくは、「日程調整してお返事しますね」という返事が来る場合も。

そうしたら、「楽しみに待っています」という返信をして、男性から返信が来るまで放置してください。

その間は、それ以外の男性とのデート、メールのやりとり、新規男性の検索や開拓に時間と労力を使いましょう。

もしお相手から返信がそのまま来なくても、気にする必要はありません。

何度もいいますが、彼が本当にあなたとご縁のある男性なら、必ずまたつながります。

連絡がないのであれば、その男性は今後のあなたの人生にとって必要のない男性だというだけなのです。

それでも誘ってこない場合には

「男性から誘ってもらうメールの5ポイント」に気をつけていても、どうしても男性が誘って来ない場合。

こうなったら、自分から誘うしかありません！

よく生徒さんからもご相談を受けます。

「男性が誘ってこないんですけど、自分から誘っちゃっていいんですか？」と。

もちろん、いいです！　むしろ、どんどん誘ってください！

まずは気軽にご飯を食べたり、飲む約束を自分からしてしまいましょう。

でも必ず、「男性から誘ってもらうメールの5ポイント」に絞ってメールのやりとりをしてからにしましょうね。

男性から誘わせるメール例文集

ここで、「男性から誘ってもらうメールの5ポイント」をおさえた例文をご紹介しておきましょう。

1.　お互いの勤務地や住んでいる地域が近かったら

「すごく近いですね。今度ぜひ、会社帰りにご一緒しましょう」

「もしよろしければ、今度お仕事帰りに飲みに行きましょ～♪」

2.　平日夜、土日お会いできそうな場合は

「私もお仕事終わる時間、調整できますよ～。今度お仕事帰りにご一緒しましょう♪」

「平日夜遅くまで頑張ってらして素晴らしいですね。～さんの土日ご都合のよいとき、ゆっくりお会いしましょ～♪」

3.　いつもどの地域で飲んだり食べたりしているかわかったら

「～で～さんのおすすめのお店に行ってみたいです！　ぜひ、ご一緒しましょう♪」

「今度ぜひ一緒に新しいお店を開拓しましょう♪」

4.　お互い飲むのが好きだったり、好きな食べ物に共通点がある場合

「〜さんも飲むのお好きですか？　ぜひご一緒しましょう♪」

「〜さんも甘いものお好きですか？　ぜひご一緒しましょう♪」

「〜さんのおすすめを食べてみたいです！　ぜひご一緒しましょう♪」

5.　休日に共通点がある場合

「私も〜好きなんですよ。近いうち、情報交換しませんか？」

「私も〜やったことあります！　今度ぜひ、ゆっくりお話お聞きしたいです」

「私も〜に興味があります。今度ぜひ、ゆっくりお話聞かせてください」

男性も乗り気なら、前向きな反応が返ってくるはずです。

そうしたら、やはり次の返信で一気にたたみかけましょう。

「わぁ、うれしいです！　ご都合よい日いくつかいただけたら、調整しますね」

「わぁ、うれしいです！　～さんのご都合よい日、教えていただけますか？　楽しみですね♪」

ここまでやりとりできれば、お会いする約束はほぼ確実にできると思います。

ぜひこの例文を参考にしてみてくださいね。

メールは「会うため」のツール

マッチングしてメールのやりとりまでこぎ着けると、ついうれしくなって忘れてしまいがちですが、メールはあくまでお相手に会うためのツールにすぎません。

ですから、メールのやりとりでは次の二つの目的を必ず意識してください。

・相手の基本情報を知るため（男性から誘ってもらうメールの5ポイント）
・会う日時の調整

相手の趣味や人生に対する考え方、過去の恋愛話、相手の家族のことなど、相手を深く知るのは、実際に会ってからにしましょう！

大切なことなので何度もお伝えしますが、ネットの世界は会うまでバーチャル。実際にお会いしてからが本番です。

そして、会うまでの時間と労力は、できるだけ少なくするのがコツなのです。

会う約束をしたら相手をチェック！

デートの約束をしたら、会う前に相手の男性についてチェックしておきましょう。

メールのやりとりのなかですでにＬＩＮＥ交換をしている場合は、相手の本名がわかることがあります。

もし本名がわかったら、**彼の名前をGoogleで検索**してみましょう。もし**携帯番号がわかっている場合も、検索**をかけてみてください。

Facebook系婚活アプリの場合は、お相手のFacebookもフルネームで検索してチェックしておきましょう。彼がどんな人物なのかだいたい把握できます。ただし、Facebookをお互い公開するのは実際に会ってからにしましょう（自分だけ先に相手のFacebookをチェックしておくのがポイント）。

また、会ったあとに、**Facebookであなたとつながるのを避ける男性は用心して**ください。

既婚者だったり業者だったり、もしくはあなたとのご縁を今後つなげたくないか、見られては困るものや、やましいことが何かあるということですから気をつけましょう。

三カ月で彼氏ができる！

ネット婚活している生徒さんたちに、強くおすすめしていることがあります。

それは、**三カ月で三〇人を目標に会いなさい**、ということ。

三〇人と会うことができれば、そのうちの一人とほぼ確実に付き合えるからなのです。

これも私の体感ですが、三〇人に会えば必ず、相性がよく、条件も納得できて、タイミングも合う「一人」に出会えます。

ネット婚活で彼氏ができた生徒さんからも、だいたい二〇人目でいまの彼氏に出会ったという話をよく聞きます。

はじめから三〇人に会わなきゃと思うと、ちょっと気がめいってしまうかもしれません。

でも、**一カ月で一〇人にお会いすればいい**と思ったらどうでしょうか？

週に二〜三人ですから、できそうな気がしませんか？

大丈夫。ここまでお話ししてきたテクニックを使えば、あなたにもできます！
ネット婚活は、気軽さと効率のよさがいちばんのメリットでしたよね。
ですから考えすぎず、どんどんお会いしてみましょう。
そして会ってみて「違うな」と思ったら、すぐに次にいくのです。
立ち止まらずに進んでください。
そうすれば必ず、あなたの「一人」に出会えるはずです。
次章では、いよいよ実際に初デートをする際のテクニックをお伝えしていきます！

Column 3 FACE to FACE

婚活アプリ開発者さんに
お会いしました！

02
マッチアラーム

「なるべく似ている人を
マッチさせるように
しているので、
結婚までのスピードが
早いようです」

マッチアラーム株式会社
代表取締役
相原千尋さん

――マッチアラームさんの特徴を教えてください。

「婚活アプリは条件検索が主流ですが、私たちは条件で人を選ぶというスタイルではなく、一日一人のマッチングをこちらからご提供するのが特徴です。『偶然の出会い』がコンセプトで、国内では私たちしかやっていません」

――そのコンセプトはどう生まれたんですか？

「立ち上げの頃はまだFacebook連携アプリもなく、いわゆる出会い系サイトしかなかったので、安全な出会いの場をつくろうというのがスタートです。また少子化や晩婚化など、社会的な問題に貢献したいという思いもありました。ただ結婚相談所のように堅苦しいものではなく、カジュアルで楽しいものをと考えた末に、毎朝一人との運命的なマッチングに至ったんです」

――すれちがいマッチも御社独自の機能ですね。

「実は人気の機能で、公務員の男性と出会いたいという方が霞が関周辺で使ったり、地方在住の方が東京に来たときにすれちがいマッチを使ってカップルになる、なんてことも増えているようです」

――男女比は半々なんですか？

「会員数は累計六〇～七〇万人ですが、男女比はいま男性が二倍で、二対一の比率です。だから女性は朝二人マッチすることが多いんです」

――どうやって組み合わせをつくるんですか？

「かなり複雑なアルゴリズムがあって、当初はランダムに組み合わせたりもしたのですが、試行錯誤の末、いまは『なるべく似ている人をマッチさせる』努力をしています。何か共通項があるとカップル率が上がるので、共通点を見つけるようなプログラムはつねに走らせています。ですからアプリをたくさん使っていただくほどユーザーさんの属性やタイプが見えてきて、より合いやすい方をご紹介できる仕組みになっているんです」

――セキュリティはどんな対策をしていますか？

「そもそも朝のマッチングがスタートする前に、入会する方全員分のＦａｃｅｂｏｏｋ投稿をすべてチェックしています。公開情報のみなので全部見られるわけではないですが、たとえばプロフィール写真にお子さんが写っていた場合、既婚者かもしれないという視点で念入りにチェックしたりします。純粋な恋愛目的以外にはご利用いただきたくないので、審査は徹底的にやっているんです」

――投資やマルチや保険屋さんはいますか？

「私たちのアプリは、一日一人のマッチングを〝待つ〟のが基本サービスなので、大勢にアプローチしたいような営業目的の方とはもともと相性がよくない。ですから実はクレームもほとんどなくて、業者はかつて一人いたかどうかというレベルです」

――じゃあネット婚活が不安な人は、マッチアラームさんからはじめるといいですね。

「条件検索もないので、ある一定の男女ばかりがモテるというようなこともないですし、誰もが平等に出会えるシステムだと思います。そのせいか、うまくいった場合は結婚までのスピードが半年～一年と、すごく早いんです」

――通報システムなどはありますか？

「はい。社内でルールが決まっていて、よっぽどのことがあれば退会していただきます。ただ審査の段階でそういった方はすでに排除されているので、他社さんと比べるとそこの労力は少ないと思います。ご紹介するのが一日一人なので、その一人が既婚者だったら申し訳なさすぎますよね。なので、登録時にいちばん労力を使っています」

――今後どんなヴィジョンをお持ちですか？

「実は昨年末に『マッチラウンジ』という新しいアプリを出しました。マッチアラームより少し高級なバージョンで、モテる方しかいません」

――誰がモテるモテないを判断するんですか？

「ユーザーさんです。私たちは『モテる』を定義できないので、入力されたプロフィールを既存ユーザーさんにご確認いただき、二四時間以内に異性のユーザーさん五〇パーセントの承認を得られた方のみ、ご入会できるシステムです。男性はとくに厳しくて、一〇回トライしてやっとご入会いただく方もいらっしゃいます。利用者はまだ一万人ほどですが、平均年齢は二九歳で、男性は経営者や医者、パイロット。女性はキャビンアテンダントやモデル……と素晴らしい方ばかりです」

――どうやってお相手に申し込むんですか？

「マッチアラームと違って一覧が見られるので、直接お目当ての方にアプローチするという方法もありますし、すれちがいマッチの機能もあります」

――ほかにはどんな展開をお考えですか？

「もともと韓国でもサービスを提供していたのですが、台湾でもスタートさせ、アジアから世界への普及をめざしています。また今後はニーズ別の展開も考えていて、たとえば再婚限定、シニア世代、シングルマザーなど、フィールドごとのサービス展開をしていきたいですね。もちろんビジネス目的もありますが、幸せになりたいと思っている人たちの社会的なサポートとしての役割も、果たしていけたらいいなと思っているんです」

入会時の審査が厳しいので
クレームがほぼゼロ！
初心者にも安心ですね

第四章

安心で心地よい初デートを叶えるために

初回デートでは当たり前のことに気をつけて

ネットで出会った人と初デートだからといって、オロオロする必要はありません。

第一章でもお伝えしましたが、ネットでの出会いもリアルでの出会いも、注意すべきことはまったく同じです。初対面の男性とデートをするとなったら、当たり前のことに気をつけましょう。

たとえば、こんなことです。

・初対面の男性の車に乗らない
・家には行かない
・ひと気のないところに行かない

・土地勘のないところで会わない
・夜遅くから会わない
・お酒を飲みすぎない
・最初から個人情報を全開にしない
・相手をよく知らないのに同棲をしない

ネットもリアルも、出会いのきっかけが違うだけで何も変わりません。大人の女性として注意すべきことを、守ってくださいね。

会う場所は自分優先でOK

初回デートの場所は、お互いの中間地点か、自分の出やすいところ、慣れている地域にしてもらいましょう。

ここで、女性の都合や利便性を考えずに、自分の家の近くを指定してくる男性とは会わないことをおすすめします。

会ったあとに自分の家に連れ込む気満々か、自己中な男性のどちらかだからです。

まだ会ったこともない女性に対して、気づかいや配慮をしてくれない男性なんて、ふつうに考えてイヤですよね。あなたが素晴らしい価値ある女性だということを絶対に忘れてはいけません！ 遠慮せずに、自分の希望をお伝えしましょう。

会う時間もあなた次第

初デートのセッティングは、昼、夜、平日、休日、お互いの予定が合えば、基本いつでもよいと思います。ただし、**初回のデートで夜九時以降の待ち合わせで会うのは避けたほうが無難**です。

もし**初対面で夜お会いするのが不安なら、ランチデートを提案**しましょう。ただ、その場合は男性がお店にくわしくないことが多いので、あなたのほうからお店を提案してあげてください。

待ち合わせは必ずお店で！

初回デートで気をつけたいのが、待ち合わせ場所です。

ふだんお友達と会うような感覚で、駅の改札やビルの前などで待ち合わせするのはやめましょう。**男性にお店を予約してもらって、直接現地で待ち合わせる**ようにしてください。

外だと初対面同士ではわかりにくいという理由もあるのですが、相談者さんから、こんな体験談を聞いたからなのです。

駅前で待ち合わせしていたところ、お会いしたとたんに男性の態度が豹変《ひょうへん》して帰ってしまったというのです。彼女の場合、プロフィールの写真写りがよすぎたようですが、それでも失礼な話だと思います。

ほかにも、駅の改札で「あの人だ」と思ったのに素通りされてしまったというエピソードも聞きました。

男性にお店を予約してもらって、お店で待ち合わせをすれば、こうした悲しい経験は防げます。また初対面で駅から一緒にお店へ歩いて向かうとなると、意外とその間《ま》がもちません。気まずい雰囲気になりやすいですから、直接お店のほうが安心なのです。

もし、待ち合わせに不安があったら、相手の電話番号を聞いておきましょう。私がお会いしたなかには、「非通知でかけてくれていいので」と、あらかじめ携帯番号を教えてくれた親切な男性が何人もいらっしゃいました。

ネガティブワードを使う人はやめておく

さて、いよいよご対面したら、しっかり相手を見極めましょう。

まずは、ネガティブでないか、不平不満が多くないか、批判的でないかをチェックしてください。**ネガティブな言葉を多く使う男性は、性格に難アリの可能性**があります。

そしてこのネガティブワードは、あなた自身も使わないようにぜひ注意してください。

婚活をしている生徒さんみなさんにお伝えしているのですが、恋愛や婚活で女性がもっともやってはいけないのは、「イイ男性いないよね」「イイ男性ってみんな結婚してるよね」などとネガティブな言葉を口にしてしまうことです。

すべては「鏡の法則」。これって実は、「私はイイ女じゃない」ということを、自分で自分にすり込んでいるのと同じことなのですね。恐ろしい！

男性へのリサーチでも、ネガティブワードにかんして、こんな回答がありました。

【自分のこだわりや倫理観、価値観を押し付けないほうがいい。男性は「私は～なのが許せない」という発言などから、「この人は融通利かないな～」「話がわからない人なんだな～」と、あなたの我の強さを敏感に感じとります】

同じように、お相手を見極めるときにも、ネガティブワードを使うか使わないかの判断基準がとても効果的です。

グチや文句ばかりが出てくる人と一緒にいて、楽しいわけがありませんよね。

そういう方とはお付き合いしても良好な関係を築くことはできないでしょうから、すぐに次を考えたほうがよいでしょう。

外見にこだわる人は下心あり!?

また、あなたの**プライベートを詮索するような質問をしてくる男性も、ちょっと用心し**てください。

たとえばサイトでいま何人とやりとりしているかや、過去の恋愛話を根掘り葉掘り訊いてくるような人は、束縛が強い可能性があります。

さらに、「何フェチ?」「何人とエッチしたことがある?」「スタイルがいいね」「胸が大きいね」などと、外見についてとやかくいってきたり、性的な質問をたくさんしてくる男性は、絶対に下心がありますから厳重注意です。

あなたの反応を見て、今夜お持ち帰りできるかどうかを探っています。別れ際など、馴れ馴れしく誘ってくることもあるかもしれませんから、十分に注意してください。

第三者への態度もチェック

あなたとの会話はもちろんですが、**店員さんやタクシーの運転手さんなどへの対応を見ると、その人の性格がよくわかります。**

横柄な態度を取っていたり、偉そうな言葉を使っていないかどうか、よく観察してください。

もし、第三者に対して思いやりのない態度を取っているようでしたら、その人とのお付き合いはそれっきりにしておいたほうがよいと思います。そういう男性は小者ですし、いずれあなたにも同じ態度を取りますから、やめておきましょう。

支払い時のポイント

男性に「おいくらですか?」と訊いて、いわれた金額を出しましょう。ほとんどの男性が女性より多めに出してくれるはずです。

もしお財布がピンチのときは、お財布に一万円札だけ入れておきます。「一万円しかない〜」というと、「じゃあ今度でいいよ」といってくれる可能性が高いでしょう。

一軒目でごちそうしてくれて、その男性をよいと思った場合は、「じゃあ次は私に出させて」と、もう一軒ご提案するとよろこばれます。

二軒目に突入する場合は、お酒が飲める男性だったらバーへ、お酒が飲めない男性だったらカフェがおすすめです。

割り勘でもあきらめないで

たまに、初デートでも割り勘の男性がいます。

私のようなアラフォー女性からすると、初デートは男性のおごりがふつうなのでは？

とつい思ってしまうのですが、若い男性にはわりとあるようです。

割り勘だからといってあなたに気がないわけではないので、様子を見ましょう。

ただ、男性からこんな意見もありました。

【ご飯は積極的に男性におごられましょう。もちろん「ごちそうさま」など感謝の言葉は述べましょう。そして自分も出しますという素振りを見せるとよいと思います。最初のデートで割り勘にする人はストップロス（損切り）でいいと思います】

割り勘をどう受けとるかは個人の価値観の問題ですが、私はやはり、初回のデートで割り勘の男性はご遠慮したいなと思ってしまいます。

でも、割り勘だから気がないわけではない、ということはお忘れなく！

帰るときにも当たり前に気をつけて

初回のデートを終えてお開きになったら、実際にさようならするまで気を抜きすぎないようにしましょう。

お酒が入って「やる気」にエンジンがかかってしまう男性もいるかもしれませんから、お店を出てから駅までは、ひと気のない道や暗い道などは、できるだけ避けて大通りや人通りの多い道を歩きましょう。ホテルや公園のまえを通るときは、入口から遠く離れて歩きましょうね。大丈夫だとは思いますが、用心にこしたことはありません。

そして、**「送るよ」といわれても、なるべくなら断ったほうが安心**です。初対面の男性に住所を知られることは避けたいですからね。

もし、タクシーで送ってもらうことになったら、自宅より少し手前で降りるようにしてください。

初デートでは「二軒目」に要注意！

初めてのデートで盛り上がって二軒目へ……というのは、よい流れなのではと思いたいのですが、実はちょっと用心が必要です。

というのも、私が一〇四人とデートした際におこなったリサーチ結果では、サイトで出会った女性をその晩にお持ち帰りしている男性がかなり多かったからなのです！

女性をお持ち帰りしようとしている男性が、必ずすることが二つあります。

まず一つ目は、「二軒目は絶対個室に行くこと」です。

たしかに、個室だと人目がありませんし、やりたい放題ですよね。

そして**二つ目が、「隣りに座ること」**なのです。

手慣れた男性は女性の扱いが上手ですから、くれぐれものせられてしまわないように気をつけてください。

カラオケや個室居酒屋はお断りして

お持ち帰りをたくらんでいる男性は、二軒目で「カラオケに行こう」とオファーしてきます。それを断ると、個室があるカジュアルな居酒屋をオファーし、それも断ると、最終的に雰囲気のいいバーのカウンター席となります。

もちろん、あなたがお持ち帰りＯＫならそれでもいいのですが、望んでいないのなら、**二軒目で個室を提案された場合は、帰ることをおすすめ**します。

ちなみに、お持ち帰り常連の上級者の男性は、一軒目を予約するときから二軒目、三軒目のお店を想定しています。二軒目はおすすめのお店があるといって、雰囲気のよい個室があるお店や、カップルシートやソファ席のあるお店やバーに誘導します。

恵比寿ならここ、渋谷ならここ、という具合に、一軒目から歩いて行けたり、タクシーでワンメーターぐらいの距離の場所であらかじめお店を決めているのです。

タクシーも個室ですから、用心が必要ですよね。

私の男友達は、女性を必ずお持ち帰りできる常勝ルートがいくつかあるといっているくらいです。お持ち帰りがイヤだったら、はっきりお断りしましょう。

隣りに座る男性は厳重注意！

そして、二つ目の「隣りに座ること」にも気をつけましょう。

お持ち帰りに成功してきた男性は個室やカップルシート、ソファ席を好みます。隣りに座れば、肩を抱いて、髪をなでて、キスまでもっていきやすいですよね。

私の男性リサーチによると、このとき女性が自分の頭を男性の肩に寄りかからせてきたら、かなりの確率でお持ち帰りできるのだとか！

同じように二回目のデートで、個室に妙にこだわる男性は、下心がある可能性が大ですから注意してください！

一軒目の個室は大丈夫

ちなみに、男性が予約してくれた一軒目が個室だったとしても、そこまで警戒する必要はありません。初対面ですし、まだお酒が入っていませんから、静かな環境でお話がしたいという男性側の配慮でしょう。

ただし、**対面席なのに、隣りに座ってきたら要注意**です！

あなたの主体性がいちばん大切

私が一〇四人お会いしたなかで、初デートでエッチに誘ってきた男性は四名でしたが、もともと下心があった男性はきっともっといたと思います。

男性は女性と違って、「できるならエッチしてみたい」と思う動物です。そしてその狩猟本能が満たされたら、もうお払い箱になってしまうことも少なくありません。

初回でエッチしてしまったら、ほとんどの場合、次はないと思ってください。

だから、しっかり見る目を養って、簡単に許してしまうようなことがないようにしましょう。決して安売りしてはいけません！

実際、あとでお友達になった男性のなかにも、はじめは下心があったと打ち明けてくれた人もいました。

もちろん、あなたもその気ならいいのですが、強要されるようなことがあってはいけません。自分の人生、受け身にならずに、主体的に自分で選択してください。

あなたがそうしていれば、男性側も遊び相手としてではなく、きちんとしたお付き合いをしていくべき女性として見てくれるはずなのです。

そして、もしエッチをする流れになって自分が承諾したのなら、責任は自分にもあるということを忘れずに。表現が悪いですが「やり捨てされた」とあとで後悔するくらいなら、はじめからお断りしてください。

受け身の自分は卒業しましょう！

とにかく相手を見る目を養って、自分の直感を信じてください。そして、くれぐれも**男性の「何もしないから大丈夫」は信じてはいけません！**

ビジネス目的の業者（サクラ）や既婚者に騙されないために

ネット婚活の場合、運転免許証など身分証明書だけで登録できてしまうので、ビジネス目的の業者（サクラ）や、既婚者も残念ながらいます。

私がお会いした既婚者はＩＴ業界の方で、今後ご自分が起業を考えているので「経営者」という肩書きの私と話がしてみたかった、というのが理由でした。

もちろんこうした別の目的で登録している男性もいるでしょうが、やはり下心がある方も多いので、見極めが大切です。

ただ、相手の男性が既婚者かどうかは、会ってみないとなかなかわかりません。お付き合いをつづけてみないとわからない場合も多いのです。

大阪などの地方都市でお会いする場合は、相手が単身赴任者だったりすることもありますから、意識しておくとよいでしょう。

とにかく直感を信じる

既婚者や業者の見極めには、直感がいちばん大切です。

もともと女性は、男性よりも直感が優れている生き物ですから、**少しでもあやしい、不安だと感じたら、様子を見ましょう。**あなたの直感に必ずしたがってください。

既婚者かどうかはっきり訊く

積極的にアプローチしてくるので、てっきり独身だと思ってデートしていたら実は既婚者だったという話は、生徒さんたちからも聞くことがあります。

既婚の男性って、あきれるくらい図々しいのです。彼らは、女性から訊かれなければ自分から既婚者だとは明かしません。**何か違和感を抱いたら、思い切って訊きましょう。**

「○さんって結婚していてもおかしくないのに、どうして独身なんですか？」

こんなふうに自然に切り出せば、相手も答えざるを得ません。

付き合いはじめてからの既婚者の見極め方は、158ページをご参考になさってみてくださいね。

お金の話になったら切り上げて

お会いすると、たいていはお互い何をしているか、お仕事の話にもなるものです。そこで**何かイベントに誘われたり、物品を勧められたりしたら、ビジネス目的の業者かマルチ商法**です。

また初デートで投資や保険、貯金額についてなど、お金の話をしてくる方にも注意してください。

私がお会いしたネットワークビジネスの男性は、トップクラスの方だったので直接勧誘されることはありませんでしたが、やはりイベントに誘われました。

化粧品やダイエット業者、保険の営業も、わりとまぎれ込んでいるようです。

私の場合、「経営者」という肩書きでFacebookのお友達人数が二〇〇〇人を超えているので、メールのやりとりの段階で保険の営業だなとわかる方からのアプローチもありました。**プロフィールでの見極めポイントは、高収入で自営業、身ぎれいにしている方**です。もし、初デートで業者や勧誘に遭遇してしまった場合は、短時間で済ませましょう。

相手に流されてはいけません。サインや印鑑など、何か要求された場合は絶対に断ってください。こうしたときにこそ、毅然とした態度が大切です。

既婚者の見極め方と注意点

初デートでなかなか見極められないのが、既婚者。彼らは本当にやっかいです。

ひっかかってしまうと女性は必ず傷つきますから、そうならないために、ここでデート中の見極め方についてお伝えいたします。

・彼が無防備なときをねらって質問する

男性は女性と脳の構造が違い、同時にひとつのことしかできません。

私たち女性はテレビを観ながら、女友達と電話しながら料理することなんて日常茶飯事ですが、男性からすると「信じられない！」わけです。

この違いを利用して、彼が何かをしているときに質問してみましょう。

たとえば、彼が歯磨きをしているときや車を運転しているときに、「奥さんいるの？」「昨夜は誰と何してたの？」などとさらりと訊いてしまうのです。

すると、後ろめたいことがある男性からは必ず、何かしらのサインが出ます。そのサインを見極めてください！

・男友達に会わせてもらう

類は友を呼ぶといいますが、人は自分と同じような人と群れるもの。なので、彼とあなたの一対一の関係だけではなく、彼の学生時代や会社の友人と会わせてもらってください。その男性の人間性を知りたければ、彼の周りにいる人、とくに同性の友人を見るのがいちばん有効です。

・平日の夜遅くに電話に出るか、週末に会えるかを確認する

もちろん、お仕事で出られないこともあるでしょう。
でも、それが毎回だとあやしいと思います。
私の生徒さんでも、平日の夜はいつも電話がつながらないと悩んでいる方がいました。
彼は実家のお母さんがしょっちゅう遊びに来ていて電話に出づらいと説明していたよう

ですが、私はこの時点でかぎりなくあやしい！　とピンと来て、注意深く彼を観察するようアドバイスしました。

すると、なんと彼には結婚間近で同棲している婚約者がいることが発覚したのです。

もちろん、平日の夜や週末いつでも会えて電話に出るからといって、彼が絶対独身というわけではありません。

仕事ができる男性ほど、仕事の忙しさや出張を理由に彼女と奥さんの間を器用に行ったり来たりしています。つまり奥さんと彼女、二人を騙しているのです。

・クリスマスやゴールデンウィーク休暇、彼のお誕生日などを一緒に過ごせるか

これはもうおわかりですよね。家族で過ごすことの多いイベント時期に一緒にいられない男性は既婚者か、ほかに本命の女性がいる可能性が大です。

・とことんお酒を飲ませてみる

ふだんガードが堅い人も、お酒を飲むとガードがゆるくなりがちです。

以前、生徒さんから「いまデートしている男性、すごくイイ人なのにどうして離婚歴があるのかわからない。考えれば考えるほど不思議なんです」と相談を受けたので、その男性にとことんお酒を飲ませるようアドバイスしたところ……酒癖がわるく、お酒を飲むと暴れる、暴力をふるうことが判明しました。

人はお酒を飲むと理性が利かなくなり、隠していた「本性」が現れます。相手の男性があやしいと思ったら、とことんお酒を飲ませて彼の「本音」を引き出しましょう。

・自分の信頼している人に会わせてみる

自分自身の「人を見る目」に自信が持てないときは、あなたが信頼できる人にその男性を会わせてみましょう。

人間って、自分のことは冷静に客観的に見られないものですよね。だからこそ、信頼できる第三者の意見を聞くことが大切です。

私も生徒さんには相手の男性の写真を持ってきていただきます。三〇歳を過ぎると、その人の生き様は人相に出ます。潔い生き方をされている方は潔い顔立ち、ケチでせこい生き方をしている人はそんな人相になるのです。

三〇歳を過ぎたら自分の顔に責任を持て、は真実なんですね。

また、既婚者、結婚詐欺師は自分の素性を知られたくないので、あなたの周りの人、とくに両親や上司など権威のある人には会いたがらない傾向があります。

彼が会うのを渋ったら、あやしいと思ってください。

・お金は絶対に貸さない

どんなに親しくなっても、その男性にお金を貸さないでください。

もし「貸す」のであれば、彼にそのお金を「あげる」覚悟をしましょう。

あなたの手を離れたお金は、もうあなたのお金ではありません。この覚悟がなければ、決してお金を渡してはいけません。

愛している女性にお金の工面を打診する男性はクズです。そんな男性は、どんな女性にもふさわしくありません。まっとうな男性なら、最後まで自分の力でなんとかしようとするはずだからです。男性は愛する女性には苦労させず、自分で解決しようとする生き物なのです。

女性に苦労させて自分がラクしようとする男性はヒモかホストか、詐欺師だと思います。

・**彼の部屋に呼んでくれるか**

お付き合いして何カ月も経つのに、あなたが自分の部屋に来るのを拒否する男性はあやしいと思います。

既婚者か、同棲している女性がいるか、はたまた極度の潔癖症か、極度の汚部屋か……。

いずれにせよ、あなたにふさわしい男性ではありませんね。

初デートで仲良くなれる必勝テク

今度は、初デートで相手から好感を持ってもらうためのテクニックをご紹介します。

第一印象がとてもよかったら、すぐに今後の展開につなげていきたいですよね。

私は三カ月で一〇四人とデートしましたが、**あることを意識したおかげでそのうちの九割が「また会いたい」と言ってくださり二回目のデートにつながりました。**

何を意識したかというと……。

「相手が呼ばれたいと思っている呼び名を早めにゲットする」

ことなんです。

お店でお会いしたら、メールではまだ本名を聞いていない場合もあるので互いに自己紹介をしますね。そして名前を教えてもらったら、こう訊いてみましょう。

「いつも何て呼ばれてるんですか？」
「お名前、どうお呼びすればよいですか？」

そして、もし恋愛関係に発展させたいなと思ったら、「私には何て呼ばれたいですか？」と尋ねます。

この**「私に何て呼ばれたい？」が、男性はわりと好き**なんです。それに、そう男性に訊くと男性からも「じゃあ、僕は何て呼べばいい？」と訊いてもらいやすくなります。

許可を得てから呼ぶのがコツ

ただし、名前を呼ぶ際には重要なポイントがあります。

必ず相手の許可を得ることです。

許可を得ないままいきなり気安く呼ぶと、男性はドン引きします。

というのも、男性はもともとパーソナルスペースが女性に比べて広いので、許可を得ないと、「図々しい」「馴れ馴れしい」「こいつ慣れてるな」と思われてしまい、印象がよくありません。テリトリー意識があるわけですね。だから、必ず許可を得てください。

たとえば、お相手が鈴木《すずき》尚《なお》さんというお名前だったら、「ナオくんって呼んでもいいですか？」と訊くのです。初対面でも「名字＋さん」ではなくファーストネームで呼び合えると、すぐに親密になれます。

そして呼び名が決まったら、**乾杯のタイミングで「もう敬語はお互いやめましょう」と**

提案してみましょう。**「敬語を使ったらひと口飲んでくださいね」と付け加える**とさらによいと思います。

初対面なのにお互いニックネームで呼び合い、さらに敬語ではなくタメ語で話していると、心の距離がぐっと近くなるので、とても打ち解けられるのです。

逆に、**この人はイヤだなと思ったら、名前をいっさい呼ばない**ようにしてください。名前を呼ばなくても会話はつづけられるので、相手に不快感を与えず自然に遠ざけることができます。

服装は「女子アナ」を参考に

ネット婚活で出会った男性とはじめて会うとき、何を着たらいいかというご相談もよく受けます。

大半の男性は、**清潔感があって品のある女性らしいファッション**に好感を持ちます。簡単にいうと、「女子アナ風」の服装です。

色は、白、ピンク、黄色などの明るく淡いものにしましょう。黒は避けてください。それから、やはりスカートが基本です。ただ、肌の露出が多すぎたり、スカート丈が短すぎるようなものは、下心の対象にされやすいのでやめましょう。

アクセサリーは小ぶりのものをセレクトし、ブランド物は避けます。派手なものはお金のかかる女だという印象を与えてしまうからです。

小物としては、ストールがおすすめ。冬はもちろんですが、夏の透け感のあるストールは男性にも人気です。

メイクは、昼間用の派手すぎない感じがよいと思います。**つけまつげやネイルなどは、男性はあまり好みません。**

ようするに、万人受けするようなコンサバティブな服装がベストです！

細かなことですが、ハンカチはレースとミニタオルなど、二枚用意しておくと女性らしさが演出されますね。

また**相手の男性の身長がわかっている場合は、ヒールの高さも配慮**するといいでしょう。

Column 4 FACE to FACE

婚活アプリ開発者さんに
お会いしました！

03
タップル誕生

「共通の趣味から入って、気が合ったら発展する。現実に近いかたちで出会いの場を提供したい」

株式会社マッチングエージェント
代表取締役
合田武広さん

――どんな想いで立ち上げたんですか？

「学生時代からマッチングに興味があって、二〇一一年に最初のアプリを立ち上げました。Ｆａｃｅｂｏｏｋの友達の友達でつながる近距離のマッチングサービス『フェイスマッチ』（のちに『ピタパッド』に改名）です。海外でプレゼンするととてもウケがよく、日本でもいけると思って、サイバーエージェントに入社する前に自分の会社をつくりました。でも、いざ出してみるとメディアからは注目されるもののユーザーにはウケず、私の事業はそこでいったん中止になりました」

――先の先を行きすぎてしまったんですね。

「よくいえばそうですね（笑）。時代が変わり、二〇一三年には『オミアイ』さんと『ペアーズ』さんがだいぶ伸びている段階でした。そこでもう一度チャレンジしてみては？　と、サイバーエージェントの社長の藤田（晋）から声がかかったんです」

――ターゲットはやはり婚活世代なんですか？

「私たちはもう少し若い年齢層をイメージしていて、よりカジュアルな出会いを提供したいと考えています。婚活というよりは恋活に近いですね」

――登録者数はどのくらいですか？

「一二〇万人くらいで、男女比は六対四。年齢層は男性で二〇代後半～三〇代前半、女性ですと二三～二七歳ぐらいが多めです」

――どんな特徴がありますか？

「まずコミュニティに入るのが特徴で、コミュニティ内でお申し込み（『いいかも』）をし合うサービスです。だからアプリを開いたときの画面は、個々の顔ではなくコミュニティになります。婚活アプリでは、わりと最初に顔をバーンと見せられて申し込むスタイルが多いのですが、それってなんとなくナンパに近い気もしてしまって……。だから共通の趣味から入って、気が合ったら発展するという、もっと現実に近いかたちでの出会いを提供したいなというのが私の考えです」

――今後コミュニティの数は増やす予定ですか？

「いま二〇～三〇ほどありますが、ご要望もたくさんいただいているので検討中です。ただ、もともとコミュニティ内でだけマッチングするサービスなので、コミュニティを細分化するほど、マッチング率が下がってしまうという難点があります。後発でユーザーさんが少なかったので、コミュニティ数も限定的にしていたのですが、今後はもっと細分化できる仕組みをつくりたいですね」

――タイムラインもほかにはない機能ですね？

「マッチングしてメールのやりとりができるようになるのは他社さんと同じですが、マッチングしたお相手のタイムラインが見られるようになるのは、おそらくほかにない機能だと思います。わざわざメールするのは面倒だけれど、『今日こんなもの食べたよ！』とアップして、マッチングしたお相手に見られるのはイヤじゃない。そうやって少しずつ親密になっていただけたらいいなと」

――ほかに特徴は何かありますか？

「マッチングしてからなかなか会話がつづかない

というお悩みがわりと多いのですが、その取っ掛かりになればと思って設定しているのが、お互いへの質問項目です。たとえば『第一印象はどうでしたか？』などで、男性が答えると女性に通知が行くんですが、女性も答えないと男性の答えが見られません。メッセージのやりとりは疲れてしまうこともあるので、質問に答え合うというかたちでつながりを持続できるようにしています」

――セキュリティ対策はどうしていますか？

「いちばん肝心なのは登録時の身分証明書ですが、承認したら数時間後にサーバー上から消去する処理は徹底しています。また犯罪対策として、メッセージのやりとりは一通一通すべて目視で確認しています。既婚者やマルチビジネス、援助交際などは絶対に取り締まらなければなりませんから」

――メールの監視で、そうしたいわゆる「サクラ」の人たちは判別できるんですか？

「不純な目的の方たちは異常行動をするので目立つんです。短期間に『いいかも』をやたら多くつけたりするので、そうした動きを自動検知するシステムをつねに走らせて、ピックアップされた人については、本当にあやしいかどうか人間の目でやりとりを追って判断しています。もともとアメーバブログ時代からの監視ノウハウがあるので、監視工程は徹底されているんです」

――今後のヴィジョンをぜひ教えてください。

「究極的に求めたいのは、このサービスでマッチングしたら本当に相性がよくて長つづきするという認知を得ることですね。さらにいえば価値観が合う人と出会えて離婚率も低いとか、そこまで極められたら最高です。そのためにまずサービスをよくしていくのはもちろんですが、悪徳な業者などを排除する仕組みをつくって他社さんとも共有し、業界全体のイメージを変えていきたいです」

マッチング後の機能も充実しているので、自然に相手に興味を持てます

第五章
気になる相手と何度でもデートする秘訣

「会っても次につづかない」のには理由がある

初デートで相手に好印象を抱いて、相手も楽しんでいたように感じたのに、なぜか二回目のデートに誘われない……。

生徒さんからも「二度目のデートにつづかない」というお悩みをよく聞きます。

それには、実は原因があるんです。

ある生徒さんにくわしく話を聞いてみると、彼女は初デートで自分のすべてをさらけ出し、出し尽くしてしまっていました。

男性を楽しませようとして彼女が開けっ広げにたくさん話すので、彼女とデートした男性は、きっと楽しい時間を過ごせることでしょう。

でも**一度でお腹がいっぱいになってしまうので、もっと彼女を知りたい、また会いたい**

とは思わないのです。

次につながらなければ、せっかく頑張っても意味がありませんよね。

男性の好奇心をすべて満たさない

会うまでのメールのやりとりもそうですが、実際に会ってから数回のデートでは、「小出し」がポイントです。

いきなりアクセル全開にして、自分のすべてをオープンにしてはいけません。

男性は基本、狩人ですから、未知のものに対する探求心が女性より強いのです。

その証拠に、研究職は女性よりもだんぜん男性のほうが多いですよね。

だから、**男性の好奇心を初回ですべて満たさないことが、次につなげる最大の秘訣**なのです。

そんなわけで、自分の身の上話や過去の恋愛遍歴をぺらぺらしゃべってしまうなどはもってのほか！

あなたの情報は少しずつオープンにして、相手の「もっと知りたい欲」を上手にかきたててあげましょう。

初デートは短めに！

同じ理由で、初めてのデートでは水族館や遊園地、ドライブなど一日がかりの長時間デートは避けましょう。


男性と会う時間は、基本二時間におさえてください。

二時間でしたら、お酒を飲みながら、お食事をしながら、楽しい時間を過ごせるはずです。


ちょっともの足りないかなと、後ろ髪が引かれるくらいが、実はちょうどいいのですね。

生徒さんからも、お会いしたら盛り上がって二軒目、三軒目に突入したとか、ランチで会って意気投合して、そこから映画を観に行って晩ご飯も一緒に食べて……というご報告をわりと聞きます。でも、そういうデートにかぎって残念ながら次につながっていません。

一回目のデートでは我慢が肝心！

なぜって、次につなげるためには「小出し」が大事だからです。

そして、**デートのお開きも、自分から申し出ましょう。**

会ってから切り出す自信がなければ、「次の日が朝早いので、その日は〜時までで」というように、事前にメールでお知らせしておけばいいのです。

もう少し一緒にいたいなと男性に余韻を残すからこそ、また近いうちに会いましょうという流れになります。

初デートは短めに！　鉄則です。

お茶だけデートもNG

初めてのデートでは、お茶だけのデートも避けたほうが無難です。**初対面同士の人が一対一で、お茶だけで楽しく二時間も会話をつづけるなんて、至難の業《わざ》**だからです。よほど相性がよくないかぎりむずかしいでしょう。

そもそも男性にお茶代だけで、魅力的なあなたを二時間も拘束させるなんて、もったいないことをしてはいけません。

サイトで出会った男性でお茶だけをオファーしてくる方は、たいがい三つのタイプに分類できます。

1. ケチ（イイ女性かどうかわからない相手にお金を使いたくない）
2. いきなりお食事をオファーしたら女性が驚いてしまうかもしれないから（草食系の男

性、あまり女性慣れしていない男性に多い）
3. お茶、ご飯という段階をきちんと踏みたい（あまり融通が利かない、女性慣れしていない男性に多い）

いずれにしても、あまりイイ男性とはいえません。

私の場合、お茶をオファーされたときは、「お酒が好きなので飲みに行きましょ～」とお答えしていました。

心理学的にも証明されていることですが、**人は食事を一緒にすると、仲良くなりやすいものなのです。**

それに、食事をともにすると、その人の食べ方や食べ物の好き嫌いなどもわかりますね。好き嫌いが多い人はわがままに育てられた可能性が高いので、幼稚な部分があるかもしれませんし、食べ方が汚いと、それだけでお付き合いは無理だなという判断もできますよね。

ですから、**初デートではできるかぎりお茶だけは避けて、お食事をするのがおすすめ**です。

アラフォー女性には夜がおすすめ

もし初対面で夜に会ったり、お酒を飲んだりするのが不安でしたら、休日のランチを提案するのももちろんＯＫです。

ただその場合は、女性からもお店のＵＲＬをいくつか送るなどして提案してあげるのがおすすめ。というのも、女性が好むランチの場所を、男性は案外知らないからです。男性同士だったら、ラーメン屋、牛丼屋、居酒屋で済んでしまいますものね。

でも、私の場合、三カ月で一〇四人とお会いしたうち、初めてのデートでランチや昼のデートをしたことは、実は一度もありませんでした。

アラフォーの私にとって、初対面の男性と明るい昼間にいきなり自然光の下で会うのはものすごくリスキーだからです。

最初の数回のデートは必ず夜、暗い照明やキャンドルの下で会うようにしていました。

そして、この男性は自分に好感を持ってくれているな、と確信が持てるようになってから、ドライブなど昼間のデートに行くようにしていました。

男性はその女性を好きになったら、多少のシワやシミは気にならなくなります。

アラフォーの女性はぜひ、この作戦を使ってみてください！

さようならの前に次を約束する

次につなげたい、絶対またこの男性に会いたいと思ったら、必ずしていただきたいことがあります。

それは、**さようならをする前に、次の約束をする**ということ。

なぜなら、**感情が盛り上がっているその場で次を提案されると、大半の男性は承諾してくれる**からです。その場を離れてしまうと思考モードになってしまうので、あれこれ考えて先延ばしにされてしまう可能性があるんですね。

そして、その場で約束をとりつけてしまえば、男性はプライドが高い生き物なのでそう破ることはありません。

このときのポイントは、「また会ってもらえますか？」「また誘ってください」などと、へりくだらないこと。あなたと彼の関係性はいつだって対等です。

楽しい時間を過ごしたのですから、彼もまたあなたに会いたいはず。けっして受け身になってはいけません！

私だったら、お店から駅までの帰り道に、さらっとこう訊いちゃいます。

「楽しかった〜！　今度はいつ行く？」

「楽しかった～！　今度はどこ行こうか？」

「さっき話していた◯◯、今度行きたい！」

「さっき話していた◯◯、次回行こうよ～！」

「今度は私のおすすめのお店に行かない？　どんなのが好き？」


ポイントは、明るく、軽く軽く！　です。

その場で日程まで決めてもいいですし、「じゃあ、具体的な日程はＬＩＮＥでやりとりしよ～」でもかまいません。

これを繰り返していくと、彼と定期的に会えるようになります。

リアルもネットも主体性がカギ！

婚活をしている生徒さんから、よくこんな質問を受けます。

「なかなか向こうから誘ってくれないんですが、どうすればいいですか？」

私は即答します。「自分から誘えばいいのでは？」と。

みなさん、受け身すぎるのです。リアルでもネットでも。

もちろん、これまでお話ししてきたように、男性から誘わせるテクニックはぜひ活用してください。

でも、それもすべて、あなたが主体的に行動してこそ生きるテクニックです。

受け身でいる人が怖がっているのは、主体的にアクションを起こして失敗したり、傷ついたりすることですよね。

でも、**成功の反対は、Do Nothing!（何もしないこと）**

怖がらずに、自分からどんどんアクションを起こしていきましょう！　たとえ失敗したってそれは貴重なフィードバック。すぐ切り替えて、その経験を生かして次に進めばいいだけなのです。

受け身を卒業して、幸せを手にしよう！

もう、おわかりですね？

受け身でいては、いつまでも幸せをつかめません。

自分から積極的に、主体的に行動することが、理想のパートナーと出会うための最大の近道です。

ネット婚活は、自分で相手を選択し、会うかどうか決断し、会って実際に見極めるという、それこそ主体性のオンパレード。

だから、あなたの直感を信じて、迷わずに進んでください。

そしてうまく進まない相手とは縁がないだけですので、どんどん次にいきましょう。

気軽さと効率のよさがネット婚活の何よりのメリットなのですから、あなたの思うままに、自由に活用すればいいのです。

人は人でしか磨かれません。

たくさんの男性にお会いするプロセスを積み重ねていくうちに、あなた自身が求める理想の男性像が明確になっていきますし、あなた自身がどんどん磨かれて、魅力あふれる女性になっていきます。

そして、そんなあなたにふさわしいお相手が、必ず引き寄せられてきますよ。

Column 5 Happy voice

幸せの声、続々！！

私の婚活アプリ講座の生徒さんから、たくさんの幸せの声が届いています。

先日、ペアーズで知り合った男性とお付き合いをすることになりました！

珠子先生がおっしゃっていた「30人に会えば、ご縁とタイミングの合う男性がいる」というお言葉をもとに、1カ月で10人と会うことを3カ月やり続けるということを目標にしました。

その結果、20人目辺りで出会ったのが、今の彼です(^-^)

珠子先生の沢山のアドバイスを実践した結果なので、何が功を奏したのかをピンポイントで挙げることが難しいのですが（笑)、決して受け身にならずに行動し続けることが大前提の中、相手のことをたくさん褒めて、「嬉しい、楽しい、ありがとう」という気持ちをいつも伝えること、相手の興味があることや好きなことを引き出して楽しそうに聞くこと、そして、自分の中のこだわりを持ちすぎずにダメ出しをせずに相手を受け入れる姿勢。

まさに承認欲求を満たすことが、彼に響いたようです。

あとは、結婚やお付き合いに執着せず、複数の男性と同時進行していくことも大きかったように思います。

以前の私は、結婚を目的にしてはいけないと分かっていても、結婚に辿り着けなかったら意味がないという思いを消すことが出来ませんでした。

ですが、珠子先生のメルマガやレッスンを受ける中で、「本当のパートナーがいれば、結婚はしてもしなくてもどちらでも良い。子供が欲しくなった時に結婚という形を取れば良い」という考えに変わりました。

結婚への執着が、フッと抜けていく感覚でした。

そして、少しでも良いと思ったら、まずは付き合ってみよう、と。

その心の余裕が良かったのだと思いますし、付き合ってからまだ日は浅いですが､会う度に彼の良さを発見出来て、お付き合いして良かったと思っています。

珠子先生のおっしゃるとおり、本当にご縁がある方とはトントン拍子に進むのだと、実感しています。

珠子先生のアドバイスを素直に受け止め行動していても、みんながみんな、すぐに結果が現れたり、自分の変化を実感出来るわけではないと思いますし、そこで行動を止めてしまう方も少なくないと思います。ですが、そこでくじけたりあきらめずにやり続けること。そのことを、一緒に頑張っているみなさんに一番にお伝えしたいと思いました。

珠子先生と出会えたことに、心から感謝しています！

珠子先生からのギフトを沢山の女性が受け取って、みんなに幸せになって欲しいと願っています。

けいこさん（34歳）

先日プロポーズされ、これからお互いの両親に正式に挨拶をする予定です。

どん底のころに珠子先生にお会いし、それから今まで大変お世話になりました。

彼からも「出会ったころから、どんどんきれいになっていく」と言われ、レッスンの成果が出ているのだと自分では思っています。

人とどう付き合うか、自分をどう見せるか、という珠子先生から学んだことは、恋愛や結婚だけでなく、これからの人生においても幅広く活かしていきたいと思います。

みかさん（26歳／東京）

ネット婚活を始めて1カ月ほどで彼氏ができ、約半年で入籍する運びとなりました。

レッスンを受講してから、自分の似合うファッションや色などがわかり、服装やメイクなどを変えていくことで、久々に会う友人や知人に「綺麗になった」と言われる機会が多くて、一番自分が驚いていました（笑）。また、外見だけでなく、内面も変わっていったと思います。まずは、嫌な自分も受け止められるようになったこと。以前は自分の嫌なところを見て、ますます落ち込んでしまっていましたが、今は「それも自分だ」と客観的にみることができるようになりました。次に、人を肯定的にみるようになってきたこと。人の長所に気付くことができる場面が多くなりました。レッスンを受けて約1年でしたが、外見も内面も大きく成長したように思います。先生に出会っていなかったら、行動をまったくせず、変わることができずにずっと一人だったと思います。本当に感謝しています。自分を変えたい、自信を持ちたいと思っている女性はぜひ先生のレッスンを受講してほしいと思います。

かなさん（36歳）

おかげさまで3年半ぶりに彼ができました。

婚活アプリで知り合った方と、1カ月くらい前からお付き合いしています。

珠子先生に教えていただいたことを実践したら、とても幸せになれました。

本当にありがとうございます。

お会いした時は、レッスンどおりを心がけました。

とにかく全身を使って聞くこと、感じること。

おかげさまで、彼と最初に会った時は9割くらい彼が話していて、4時間くらいあっという間に過ぎてしまいました。

話しやすい、居心地がいいと思ってもらえたみたいです。

わたしもそうでしたが、アプリに不安を感じる方も多いと思います。

でも、みなさん真面目に婚活されているという印象を持ちました。

あらかじめいろんな条件がわかるのもいいと思います。

私のように、パーティなどが苦手な方には本当におすすめです。

もし珠子先生のレッスンを受けていなかったら、アプリに登録していなかったら、こんな幸せを感じられることはなかったと思います。

ちょっとの勇気で、人生は大きく変わるのですね。

いま迷っている方に、ぜひおすすめしてください。

心配しているようなことは起こりません。

では、またレッスンでお会いできるのを楽しみにしています。

ゆかこさん（45歳）

レッスンの際にお話ししましたが、おかげさまで彼氏ができました。

もうウン年ぶりです（笑）。

婚活アプリで知り合った4つ年下の彼です。

3回目に会ったときに、彼から告白してくれました。

夢か？　まぼろしか？　詐欺師か？？と考えてしまい、少しの間、誰にも彼氏が出来たことを言えませんでした（笑）。

婚活アプリで何人もの男性に会いながら、自分は男性に何を求めているか、その条件って本当に必要なのかと考えてきました。

自分の求めるもの、必要なもの、必要じゃないものが分かったから、今の彼と出会えたのだと思います。

そして、「凄く好き！　じゃなくても、何回かは会ってみる」を実践してよかったです。

いつもは自分が好きにならないとダメで、グイグイこられると引いてしまっていましたが、何度か会ううちに、彼の良いところが沢山みつかりました。

仕事に追われ疲弊し、周りの友達は結婚＆出産ラッシュ、30歳を越えて恋愛から遠ざかり、女として自信をなくしていた私でしたが、去年の秋、「今頑張らなくて、いつ頑張るんだ？！」とレッスンに通いはじめ、そして珠子先生の教えを実践して、少しずつ自分を信じられるようになりました。本当によかったです。

珠子先生に教えていただかなかったら、婚活アプリは絶対！　始めませんでした。

勇気を出してチャレンジして本当に良かったです。

きみこさん（34歳）

最初は抵抗のあった婚活アプリを使っての出会いも、
今となっては「馴れ初めなんて関係ないよね～」と彼氏と笑っています。

はなさん（28歳）

出会った男性と恋愛に発展しなくても、
自分の世界を広げてくれる友人との出会いもあり、
自分が少しずつ、より良い方向へ変わっていくのを実感しています。

ゆりこさん（27歳）

レッスン後、Yahoo!お見合い、エキサイト恋愛結婚に登録をして、たくさんの出会いがありました。

現在、Yahoo!で11月に知り合った方（53才）と前向きな交際が続いています。

お互いバツイチで子供も同じ年頃です。澤口先生のおかげでとても幸せです。

まみこさん（51歳）

アプリを使い始めて2週間で、人生初彼氏をゲットしました。

きいこさん（26歳）

前回のレッスンで、先生から婚活アプリの良さを教わり、一度は使用を止めていたのですが、再入会しました！

結果、週に1～2度は新規にやり取りした方とデートをすることができるようになりました。

パーティですと、30人ぐらいいる中で、もう一度会いたいのは1人ぐらいしかいないので、日常的に気軽にチェックできて、はるかに多い人数の中で人とマッチングできるアプリの方が、ずっと効率が良いかもしれません。

以前はマッチングしてデートに出かけるたびに「この人は結婚相手としてあるかないか？」ばかり気にして楽しめなかったので、このような考え方も先生の教えに従い、改めてとにかく楽しむようにしました。

確かにエッチ目的の人もいます。でも、合コンやパーティで会った中にもエッチ目的の人は何人もいたので、そういう人はどこにでもいると思います。

しかも男子は分かりやすい！　すぐに自分の部屋に連れ込もうとする意図がミエミエになるので、そこは毅然とした態度で！　が良いと思います。

私は37歳バツイチ子持ち（別居）なので、おそらく他の婚歴なし未婚女子よりもずっと申し込みもＯＫされる回数も少ないと思いますが、それでも毎週どなたか新しい人と会えるのですから、やはり婚活アプリの力はすごい！　と思います。

珠子先生のレッスンで婚活アプリのお話を聞かなければ、また再開しようとは思いませんでした。ありがとうございました！

みかこさん（38歳）

ペアーズに登録して約10日。2人の方とデートしました（笑）！

デート約束もないうちに、デート服を買いに行きました(^ ^)

準備しないと、始まりませんからね。

自分から「いいね！」を押してマッチングする人は、まだまだ少ないですが、2人とはメッセージのやり取りをして、すんなり会う約束ができました。

デート前のウキウキ感とドキドキ感を味わえて、とっても楽しかったです。

デート中はとにかく楽しかったです！

お相手は驚くほど、まっとうで素敵な男性2人でした。本当に彼女いないの？

本当に独身？　ヤりたいだけ（笑）⁉と、思うほどです(^ ^)

お話もとても楽しく、時間はあっという間に過ぎました。

女性として扱われるって幸せですね！

与える、楽しませたいという気遣いに溢れた方々で、私も相手に喜んでいただきたくて頑張りましたが、どれくらいできていたのでしょうσ^_^;

練習あるのみです！

今後、どういう形に発展するかは未知数ですが勇気を出して、決断して良かったなと思います。

ありがとうございました。まだまだ、頑張ります！

ともさん（30歳）

主な婚活サービスのメリットと留意点

まだ一歩を踏み出せない方に、さらにくわしく紹介します。

（五十音順）

エキサイト恋愛結婚

excite恋愛結婚

メリット

・伊藤忠商事グループのエキサイトが運営。
・月会費が固定なので、制限なくサイト内メールでやりとりができる。
・本格的な婚活・恋活パーティに、会員割引で参加できる。
・サービス側からユーザーへのプッシュ型機能「おすすめ会員」サービスが充実。
・「Days」という日々のつぶやきコンテンツで自分の情報を発信することで、出会いのチャンスを増やせる。
・エキサイトIDを使ってプロのアドバイザーに相談できる（有料）。
・本人確認のため身分証明書の提出が必須。
・24時間365日の監視体制を整備している。

留意点

・真剣な婚活サイトのため男女共に30代の会員が多く、20代（とくに前半）の人は同世代のお相手が少ない印象。

ひと言メモ

2016年3月時点で12年以上続く安定の婚活サイトであり、本格的な婚活·恋活パーティも開催されているので、真面目に相手を探す人に最適なサイトです。
また、婚活支援に力を入れている地方自治体や、各自治体が開催するイベントを紹介する「ふるさと婚活」を展開しており、日本全国幅広い婚活を楽しめます。

エン婚活

メリット

・上場企業であるエン・ジャパンのグループ会社が運営。
・学び、自分磨きができる婚活サイト（50種類のプロ講師による動画講座見放題、初回デート時に相手にどう思われたかがわかるフィードバック機能で自分の弱点が克服できる）。
・専任コンシェルジュによるオンライン活動サポートがあるので、相談しながら婚活ができる。
・希望や価値観のマッチ度をもとにした独自のマッチングシステムによる紹介型サービスなので、手間がかからない。
・初回コンタクトの日程調整も専任スタッフが代行してくれる。
・結婚相談所同等以上のサービスを約1/10の初期費用で始められる。
・本人証明、独身証明、年収証明、学歴証明が100％必須の真剣に安心して利用できるサイト。写真も100％掲載。

留意点

・新サービスなので、会員数が他社に比べて少ない。
・20歳未満は登録不可。
・男性は、定職に就いていなければ入会できない。
・紹介型のサービスなので、顔写真を見て相手を選び、アプローチすることはできない。
・婚活サイトの中では最も料金が高いため、ある程度の収入がないと登録のハードルが高い。
・各種証明書や料金など、真剣に結婚を考えていない人には重い。

ひと言メモ

婚活×教育をサービス内容に掲げる、異色の婚活サービスサイトです。2016年7月正式リリース（同年5月に事前登録を開始）。

ゼクシィ縁結び

メリット

・最新のアルゴリズムで自分の好みを学習するので、使えば使うほどマッチングの精度が高まる仕組みになっている。
・ゼクシィが幸せなカップル6000人を分析してわかった18問の価値観診断で相性ピッタリの相手を毎日4人、無料で紹介してくれる。
・デート調整代行機能によりお見合いコンシェルジュがデート日時調整を代行してくれるので、相手と会うまで個人の連絡先を伝えなくても良い。
・パートナーを見つけた人の約8割が6カ月以内に出会っている。
・本人確認のため身分証明書の提出が必須。
・24時間365日の監視体制を整備している。

留意点

・新しいサイトのため、他サイトに比べいまだ会員数が少ない。
・退会後、3カ月間は再登録できない。

ひと言メモ

ネット婚活サービスの中では初めてとなるデート調整代行機能があり、個人の連絡先を教えずとも、お見合いコンシェルジュがデートの日時・場所を調整してくれます。デートの予定を立てるまでサービス上のやりとりだけで済むので、ネット婚活で心配なトラブルを防ぐことができます。

タップル誕生

メリット

・上場企業であるサイバーエージェントグループが運営している。
・共通の趣味（あらかじめコミュニティが設定されている）から相手を選択できる。
・各趣味コミュニティに対して複数の質問が設定されており、それらに回答することで、相手の思考や人となりが、より詳細に理解できる。
・コミュニティごとに相手がランダムで表示されていき、「いいかも」「イマイチ」の二者択一で選択していくので、マッチング率は高い。
・タイムライン機能により、マッチングした相手のつぶやき投稿を確認できる。
・公的書類を用いた年齢確認を実施している。
・24時間365日の監視体制を整備している。
・Facebookアカウントがなくても登録できる。
・フリック操作で直感的にマッチングできる。

留意点

・18歳未満は利用できない。
・20代の利用者が多く、30代後半以上の登録は少ない。

ひと言メモ

あらかじめアプリに設定された趣味のコミュニティに応じて相手が紹介され、「いいかも」「イマイチ」の二者択一で選択していきます。男性からは「女性と出会える率が高い」、女性からは「自分の登録した趣味コミュニティが一致すれば、タイプの人と出会える率が高い」と好評であり、マッチング成立率は非常に高いです。

ブライダルネット

ブライダルネット by IBJ

メリット

・全額返金制度を利用している。
・成婚率50%の結婚相談所でノウハウを積んだ「婚シェル」が、結婚相談所の1/30の料金で相手を紹介してくれる。
・日記投稿やお気に入りの場所登録機能があり、価値観が合うお相手探しが可能。
・女性の利用料が男性と同額のため、お相手探しへの真剣度が高い女性が多い。
・男性の約1/3は収入が600万円以上と高収入の方が多い。
・本人証明書類の確認を100%実施。
・プライバシーマークを取得しており、万全のセキュリティ環境を整備している。

留意点

・20歳未満は登録不可。
・男性は、定職に就いていなければ入会できない。

ひと言メモ

2016年3月時点で16年の運営実績があり、3分に1人が交際成立という驚愕の数字が物語る通り、カップルになる率は1番と言っても過言ではありません。

年齢が30代に集中しており、男女比も4.5:5.5とバランスが良いので、出会う率が非常に高いです。また、男女とも利用料が同額なので真剣度の高い会員が多いのも特徴です。

pairs（ペアーズ）

メリット

・約 60,000 のコミュニティを通じて、共通の趣味や興味でつながれる。
・Facebook と連動した登録システムだが、実名は出ず、既に友達になっている相手とは出会わないようになっている。
・検索機能が豊富なので、理想の相手を探しやすい。
・お互いに「いいね！」を押し合うことでマッチングが成立するという仕組みがわかりやすい。
・公的書類による年齢確認が必須。
・24 時間 365 日の監視体制を整備している。

留意点

・Facebook のアカウントがなければ登録できない。
・退会後、１カ月は再登録できない。

ひと言メモ

ティファニーブルーを基調とするサイトデザインは非常にスタイリッシュで、ファッション雑誌などにもよく掲載されています。また、今まで婚活に興味がなかった Facebook 利用者も登録しています。婚活よりも恋活寄りのサービスです。真剣な相手を探しているけれど堅いのは苦手で、気軽に相手を探したい人にピッタリです。

マイナビ婚活

メリット

・「20 歳以上」「独身」「社会人として働いている」の３条件を満たした方のみサービス利用可能なので、真剣な方の利用が多い。
・マッチングアプリでは、プロフィール＆メッセージのテンプレートを多数用意している。
・Facebook と連動した登録システムだが、実名は出ず、既に友達になっている相手とは出会わないようになっている。
・公的証明書による年齢確認を実施している。
・24 時間 365 日の監視体制を整備している。
・イベントを月 40 回程度開催。良質なパーティが充実している。

留意点

・社会人以外は登録不可。
・新規サービスのため、会員数が他サイトより少ない。

ひと言メモ

人材大手のマイナビが「社会人専用婚活サービス」として運営する本サービスは、「婚活マッチング」「婚活イベント」の二軸でサービスを展開しています。特にマイナビが開催するオリジナルパーティは質が高く非常に評判が良いです。ネットとリアルの両方で場を提供してくれるので、活動の幅が広がります。

マッチアラーム

メリット

・顔写真掲載を義務づけている。
・朝マッチ（毎朝8時に相性の良い相手を1人紹介する機能）により、相手と真剣に向き合える。
・すれちがいマッチ（位置情報を利用したマッチング機能）による斬新な出会いが可能。
・Facebookと連動した登録システムだが、実名は出ず、既に友達になっている相手とは出会わないようになっている。
・公的証明書による年齢確認を実施している。
・24時間365日の監視体制を整備している。

留意点

・毎朝8時に相手を1人、必ず紹介してくれるが、その相手に「好きかも」を送信できるのはその日の24時までなので、16時間以内に決断する必要がある。
・「偶然の出会い」を推奨しているので、相手を条件で検索できない。

ひと言メモ

Facebookを利用したタイプの婚活アプリ。毎朝8時に独自のアルゴリズムで異性を紹介してくれる「朝マッチ」と、位置情報を元に近くにいる異性を数人探し出して興味があるかを◯か×かで選んでいく「すれちがいマッチ」機能があり、独自のサービスを展開しています。誰もが平等に出会えるシステムなので、ネット婚活が不安な方にはオススメです。

マッチドットコム

メリット

・プロフィールはスタッフが審査したものだけ掲載でき、やりとりは専用のメールアドレスで行う。
・サービスは固定料金制なので、メールのやりとりに制限がない。
・設定した相手の希望条件やサイト内のやりとりから予測して、毎日相手を紹介してくれる。
・「ウィンク」機能で軽くアピールでき、「いいね！」でアプローチできる。

留意点

・18歳未満は登録できない。
・30～40代前半の利用者が多く、20代前半の登録者が少ない。

ひと言メモ

1995年にアメリカで誕生して以来、25カ国で利用されている世界最大級の恋愛・結婚マッチングサイト。毎年世界中から40万人の幸せの声が届いています。過去に会員数がギネス認定されたこともあり、規模が大きく、男女共に有料なので、真面目なお相手探しにピッタリの婚活サイトです。

Yahoo!お見合い

メリット

・Yahoo! JAPANが運営している安心感。
・お相手との日程調整やその後の返答などをYahoo!お見合い上のメッセージ機能で行うことができるので、メールアドレスなどの個人情報を教える必要がない。
・メッセージ交換は最長93日間可能。
・Yahoo!プレミアム会員は割引料金で利用することが可能。
・プロフィール写真は、写真公開している相手のみに公開される。
・配送による対面での徹底された本人確認を実施。
・原本による各種証明を徹底しており、本気度の高い相手が探せる。

留意点

・会員数などが一切非公開。

ひと言メモ

国内最大級ポータルのYahoo! JAPANが運営する、セキュリティがしっかりとした安心安全の婚活サイトで、これまで200万人の利用実績があります。また、Yahoo!プレミアム会員は割引料金で利用することができます。

youbride

メリット

・mixiグループ運営の安心感。
・匿名・フリーアドレス使用が可能なので、誰にも知られずに活動できる。
・特定の相手に自分のプロフィールを見せない拒否リスト機能が搭載されている。
・「条件で探す」「価値観で探す」の2パターンで効率良く出会うことができる。
・プレミアム会員向けにコンシェルジュサポートを開始し、会員への個別サポートが充実している。
・公的書類を用いた年齢確認を実施している。

留意点

・写真掲載率が高くない。
・30代の利用者が多く真面目な出会いを求めている方が多いので、20代で気軽な出会いを求めるのには適さない。

ひと言メモ

大手SNSのmixiグループが提供しているyoubrideは、2016年3月時点で運営実績が16年あり知名度も非常に高い婚活サイトです。一般的に結婚を意識する30～40代が多く利用しており、4人に1人は再婚希望者であることから、結婚・再婚相手を本気で探す人向けといえます。年間に2000組もの夫婦が誕生していることから、結果を出せる婚活サイトです。

おわりに

「日常で出会いがない」
「イイ男と出会える方法を知りたい」
「婚活、何からはじめたらいいかわからない」
「結婚したい」

本書ではこんな悩みをお持ちの女性のために、私が三カ月間でどうやって男性一〇四人とデートし、そのうちの九割から次のデートのオファーを得たのか？
私が実践していたことを余すところなくすべてお教えしました。

いま、私のサロンではネット婚活で彼氏ができる生徒さんが続出しています。

ネット婚活をはじめて、二週間で人生初の彼氏ができた二八歳の生徒さん。

三カ月でうん年ぶりの彼氏ができた三四歳の生徒さん。

四六歳バツイチで、ネット婚活で出会った同い年の初婚男性と二カ月で結婚した生徒さんも！


ネットでの出会いは決してあやしくもなく、怖いものでもありません。

リアルもネットも同じ。大切なのは自分自身の「人を見る目」であり、「人間力」です。

私自身がネット婚活で出会った男性と結婚し、幸せな生活を送っているのが何よりの証拠です。

機会がありましたら、ぜひお気軽に体験会やセミナーに遊びにいらしてくださいね。

みなさまにお会いできますことを心から楽しみにしております。

最後までお読みいただいたみなさまへ、感謝の気持ちを込めて「読者限定プレゼント」をご用意しました！

くわしくは次のページをご覧くださいね。

読者のみなさま、そして生徒のみなさまが本来の輝きを取り戻していかれる姿が私のパワーの源です。

これからも日本全国にハッピースパイラルの渦を巻き起こしましょう！

愛と感謝をこめて。

二〇一六年六月　澤口珠子

読者限定プレゼント

最後まで読んでくださり、ありがとうございます！

本書をお読みくださった読者さまへ感謝の気持ちを込めて
限定のプレゼントをご用意しました。

実は、私がネット婚活でデートした男性にリサーチした
「婚活男の本音レポート」があります。

その「婚活男の本音レポート」や澤口珠子の「動画レッスン」
「メールレッスン」などを読者限定特典として
無料でプレゼントいたします！

いますぐアクセスしてプレゼントをゲットしてくださいね。

http://www.sawaguchitamako.com

または、「澤口珠子ホームページ」で検索してください。

またお会いできることを楽しみにしております！

〈引用元〉
・「ネットで出会ったカップル」満足度が高く離婚率も低い　米調査結果（マイナビウーマン）
http://woman.mynavi.jp/article/130607-008/

・【オールアバウト、シーマ共同調査】「婚活アプリ利用男性の恋愛・結婚に関する意識調査」を発表（オールアバウト）
http://corp.allabout.co.jp/corporate/press/2015/150609_1.html

※本書に掲載している情報は2016年3月末時点のものです。
サービスの価格などは変更になる場合があります。

〈著者紹介〉
澤口珠子　イメージコンサルタント、婚活コンサルタント。スフィアロコス株式会社代表取締役社長。現在日本でただ一人、「婚活」に特化したイメージコンサルタントとして、「外見磨き」「異性心理」「コミュニケーション」をわかりやすく解説、理想のパートナーを引き寄せるノウハウを伝えている。著書に『愛もお金もすべて手に入る美しく自由な女になる方法』（総合法令出版）などがある。

編集協力　山本貴緒
装丁　瀬戸冬実（futte）

はじめての「ネット婚活」
幸せになるための最短ルート
2016年6月10日　第1刷発行

GENTOSHA

著　者　澤口珠子
発行者　見城 徹

発行所　株式会社 幻冬舎
〒151-0051 東京都渋谷区千駄ヶ谷4-9-7

電話：03(5411)6211(編集)
03(5411)6222(営業)
振替：00120-8-767643
印刷・製本所：株式会社 光邦

検印廃止

ISBN978-4-344-02959-0 C0095
幻冬舎ホームページアドレス　http://www.gentosha.co.jp/

この本に関するご意見・ご感想をメールでお寄せいただく場合は、comment@gentosha.co.jpまで。